Selbstwert von innen heraus

Eine Reise zu mehr Selbstbewusstsein und Selbstachtung

Holger Kiefer
Mental Health Master Coach

https://Kiefer-Coaching.de

Buchcover: Foto von
https://unsplash.com/de/@farol106

© 2023 Holger Kiefer

Herausgegeben von: Holger Kiefer (https://kiefer-coaching.de)

Verlagslabel: Kiefer-Coaching

ISBN Softcover: 978-3-347-96350-4

ISBN Hardcover: 978-3-347-96351-1

ISBN E-Book: 978-3-347-96352-8

ISBN Großschrift: 978-3-347-96353-5

Druck und Distribution im Auftrag :tredition GmbH, An der Strusbek 10, 22926 Ahrensburg, Germany

Das Werk, einschließlich seiner Teile, ist urheberrechtlich geschützt. Für die Inhalte ist verantwortlich. Jede Verwertung ist ohne unzulässig. Die Publikation und Verbreitung erfolgen im Auftrag , zu erreichen unter: tredition GmbH, Abteilung "Impressumservice", An der Strusbek 10, 22926 Ahrensburg, Deutschland.

Selbstwert von innen heraus

Eine Reise zu mehr Selbstbewusstsein und Selbstachtung

Holger Kiefer
Mental Health Master Coach

https://Kiefer-Coaching.de

Buchcover: Foto von https://unsplash.com/de/@farol106

© 2023 Holger Kiefer
Herausgegeben von: Holger Kiefer
(https://kiefer-coaching.de)
Verlagslabel: Kiefer-Coaching

ISBN Softcover: 978-3-347-96350-4
ISBN Hardcover: 978-3-347-96351-1
ISBN E-Book: 978-3-347-96352-8
ISBN Großschrift: 978-3-347-96353-5
Druck und Distribution im Auftrag :tredition GmbH, An der Strusbek 10, 22926 Ahrensburg, Germany
Das Werk, einschließlich seiner Teile, ist urheberrechtlich geschützt. Für die Inhalte ist verantwortlich. Jede Verwertung ist ohne unzulässig. Die Publikation und Verbreitung erfolgen im Auftrag , zu erreichen unter: tredition GmbH, Abteilung "Impressumservice", An der Strusbek 10, 22926 Ahrensburg, Deutschland.

Der Weg zu einem phänomenalen Selbstwertgefühl!

Tauchen Sie ein in eine transformative Reise zu Ihrem wahren Potenzial. Holger Kiefer, renommierter Mental Health Master Coach, präsentiert Ihnen ein einzigartiges Programm, das Ihr Selbstwertgefühl auf ein völlig neues Niveau hebt. Erleben Sie die Kraft der Selbstakzeptanz, erwecken Sie Ihre innere Stärke und erlangen Sie ein phänomenales Selbstwertgefühl.

In diesem bahnbrechenden Buch entdecken Sie die Geheimnisse des Selbstwerts und erhalten praktische Werkzeuge, um alte Begrenzungen zu überwinden und ein erfülltes Leben zu führen. Holger Kiefer, bekannt für seine einfühlsame und kompetente Begleitung, führt Sie Schritt für Schritt auf dem Weg zu einer tiefen Selbstliebe und Selbstakzeptanz. Sein Programm ist maßgeschneidert, um Ihre individuellen Bedürfnisse anzusprechen und Ihnen zu helfen, Ihre wahren Talente und Fähigkeiten zu entfalten.

Inhaltsverzeichnis

Inhaltsverzeichnis

Selbstreflexion: 14
Positive Selbstgespräche: 17
Erfolge feiern: 21
Selbstfürsorge: 25
Realistische Erwartungen: 26
Umgebungsgestaltung: 28
Professionelle Unterstützung: 33
Übungen 35
Selbstreflexion: 35
Innere Stimme wahrnehmen: 35
Abgrenzungsfähigkeit: 40
Mut zur Authentizität: 44
Selbstverantwortung: 45
Hohe Anerkennung ein Relikt aus alten Zeiten 46
Einführung: Die Bedeutung des Selbstwerts 62
Selbstwert und Beziehungen 64
Selbstwert und Beruf 64
Selbstwert und Unzufriedenheit mit dem Körper und Essstörungen 65
Definition und Konzept des Selbstwerts 67
Die Entwicklung des Selbstwerts im Laufe des Lebens 71
Frühe Kindheit: 72
Kindheit und Adoleszenz: 72
Junge Erwachsene: 73
Erwachsenenalter: 74
Spätes Erwachsenenalter: 75

Selbstwert und Selbstakzeptanz: Sich selbst annehmen und lieben lernen..77
    Selbstakzeptanz zu kultivieren..............................78
    Übungen..79
Der Einfluss des Selbstwerts auf die emotionale Gesundheit..80
Selbstwert und zwischenmenschliche Beziehungen: Sich selbst und andere respektieren............................86
Selbstwert und beruflicher Erfolg: Das Vertrauen in die eigenen Fähigkeiten stärken............................96
    Übungen..99
Selbstwert und körperliches Wohlbefinden: Das Selbstbild und die Gesundheit............................102
    Übungen..105
Selbstwert und persönliche Ziele: Die Motivation zur Selbstverwirklichung..108
    Übungen..111
Selbstwert und Entscheidungsfindung: Sich selbst treu bleiben..114
Selbstwert und Stressbewältigung: Herausforderungen meistern und widerstandsfähig sein............................118
    Übungen..121
Selbstwert und Lebenszufriedenheit: Ein erfülltes und glückliches Leben gestalten............................124
    Übungen..127
Selbstwert stärken: Strategien und Übungen zur Förderung des Selbstwerts............................131
    Positive Affirmationen:......................................131
Der Umgang mit Rückschlägen und Selbstzweifeln: Resilienz entwickeln..135
    Übungen..135
Den Selbstwert anderer unterstützen: Empathie und Verbundenheit..140

Fazit: Ein starkes Fundament des Selbstwerts für ein erfülltes Leben..........146
Weitere Literatur..........151
Kurzvita..........165

Vorwort

Liebe Leserinnen und Leser,

es ist mit großer Freude, dass ich Ihnen dieses Buch über den Selbstwert präsentiere. Der Selbstwert, das innere Bild, das wir von uns selbst haben, ist von entscheidender Bedeutung für unser Wohlbefinden, unsere Beziehungen und unseren Erfolg im Leben. Ein starkes und gesundes Selbstwertgefühl ermöglicht es uns, unsere Potenziale zu entfalten, uns selbst zu akzeptieren und liebevoll mit uns umzugehen.

In den folgenden Kapiteln werden wir uns intensiv mit dem Thema Selbstwert auseinandersetzen. Wir werden die Definition und das Konzept des Selbstwerts kennenlernen und verstehen, wie er sich in verschiedenen Lebensbereichen auswirkt. Wir werden die Entwicklung des Selbstwerts im

Laufe des Lebens untersuchen und lernen, wie wir Selbstakzeptanz und Selbstliebe kultivieren können.

Der Einfluss des Selbstwerts auf unsere emotionale Gesundheit, unsere zwischenmenschlichen Beziehungen, unseren beruflichen Erfolg, unser körperliches Wohlbefinden und unsere Lebenszufriedenheit wird ebenfalls ausführlich behandelt. Darüber hinaus werden wir verschiedene Strategien, Übungen und Tipps kennenlernen, um unseren Selbstwert zu stärken und ein erfülltes Leben zu gestalten.

Dieses Buch soll Ihnen als wertvoller Begleiter dienen, der Ihnen dabei hilft, Ihr Selbstwertgefühl zu steigern, negative Selbstkritik zu überwinden und ein Leben voller Selbstakzeptanz und Selbstverwirklichung zu führen. Es ist meine Absicht, Ihnen praktische

Werkzeuge und Erkenntnisse an die Hand zu geben, die Sie auf Ihrem persönlichen Weg zur Stärkung des Selbstwerts unterstützen.

Ich möchte allen danken, die an der Entstehung dieses Buches mitgewirkt haben, insbesondere den Leserinnen und Lesern, die ihr Vertrauen in diese Arbeit setzen. Mein Dank gilt auch den Menschen, die mich auf meinem eigenen Weg zur Stärkung des Selbstwerts inspiriert haben. Es ist mein aufrichtiges Anliegen, dass dieses Buch Ihnen dabei hilft, Ihr volles Potenzial zu entdecken und ein erfülltes, glückliches Leben zu führen.

Ich wechsel im Buch in der Anrede zwischen sie und du. Das hat folgenden Grund. Wo ich sie mit sie anspreche sind Erklärungen und wo ich dich mit du anspreche, spreche ich dich direkt persönlich an, zum Beispiel bei Übungen.

In einzelnen sind Übungen enthalten, nehme dir für jede Übung ein Blatt Papier und fange mit den jeweiligen Übungen gleich an, bevor du weiter liest. Manche Dinge in den Übungen fallen dir vielleicht erst morgen oder später ein, wichtig ist nur dann erst die Übung zu beginnen, vor dem Weiterlesen. Da es ein Übungsbuch und kein Roman ist, werden verschiedene Aussagen zur Vertiefung wiederholt.

Ich wünsche dir viel Freude, Erkenntnis und Erfolg auf Ihrer Reise zur Stärkung des Selbstwerts!

Herzlichst,

Coach Holger Kiefer

Selbstreflexion:

Nehmen Sie sich Zeit, um sich selbst besser kennenzulernen. Nehmen Sie sich jetzt einen Zettel und Erforschen Sie Ihre Stärken, Schwächen, Werte und Interessen. Gehe nun diese Liste durch und mache dir dazu Notizen. Forsche selber nach, vielleicht entdeckst du bei dir ganz andere:

1. Empathie: Die Fähigkeit, sich in andere Menschen hineinzuversetzen und ihre Gefühle und Bedürfnisse zu verstehen.

2. Kreativität: Die Fähigkeit, originelle Ideen zu entwickeln, Probleme auf unkonventionelle Weise anzugehen und künstlerischen Ausdruck zu finden.

3. Entschlossenheit: Die Fähigkeit, hartnäckig an Zielen festzuhalten und Schwierigkeiten zu überwinden, um sie zu erreichen.

4. Kommunikationsfähigkeit: Die Fähigkeit, Ideen klar und effektiv zu vermitteln, zuzuhören und zwischenmenschliche Beziehungen aufzubauen.

5. Organisationstalent: Die Fähigkeit, Aufgaben zu planen, zu strukturieren und zu priorisieren, um effizient zu arbeiten und Ziele zu erreichen.

6. Flexibilität: Die Fähigkeit, sich an neue Situationen anzupassen, mit Veränderungen umzugehen und alternative Lösungen zu finden.

7. Teamarbeit: Die Fähigkeit, gut mit anderen zusammenzuarbeiten,

Konflikte zu lösen und zur Erreichung gemeinsamer Ziele beizutragen.

8. Analytisches Denken: Die Fähigkeit, komplexe Probleme zu analysieren, Informationen zu sammeln und fundierte Entscheidungen zu treffen.

9. Durchhaltevermögen: Die Fähigkeit, Herausforderungen zu meistern, auch wenn es schwierig wird, und sich nicht leicht entmutigen zu lassen.

10. Optimismus: Die Fähigkeit, positive Perspektiven zu finden, auch in schwierigen Situationen, und eine optimistische Einstellung beizubehalten.

Akzeptieren Sie, wer Sie sind, und erkennen Sie Ihre einzigartigen

Eigenschaften und Fähigkeiten an. Man muss nicht in allen Punkten einen optimalen Wert für sich haben, sondern es geht darum, dass man erkennt, wo man seine ureigenen Stärken hat.

Positive Selbstgespräche:

Achten Sie auf Ihre innere Stimme und seien Sie sich bewusst, wie Sie mit sich selbst sprechen. Ersetzen Sie negative Selbstkritik durch positive und unterstützende Aussagen. Behandeln Sie sich selbst mit derselben Freundlichkeit, die Sie anderen entgegenbringen würden. Hier sind einige Beispiele. Entdecken Sie ob welche auf sie zutreffen und erforschen Sie, ob welche andere ihnen in den Sinn kommen.

Negative Selbstkritik: "Ich bin so dumm und mache immer Fehler." Positive, unterstützende Aussage: "Ich lerne aus meinen Fehlern und wachse kontinuierlich."

1. Negative Selbstkritik: "Ich bin nicht gut genug, um diese Aufgabe zu bewältigen." Positive, unterstützende Aussage: "Ich habe die Fähigkeiten und das Potenzial, diese Aufgabe erfolgreich zu meistern."

2. Negative Selbstkritik: "Ich sehe nicht gut aus. Ich bin hässlich." Positive, unterstützende Aussage:

"Ich habe einzigartige Eigenschaften und eine innere Schönheit, die mich attraktiv macht."

3. Negative Selbstkritik: "Ich bin ein Versager. Ich schaffe nie etwas." Positive, unterstützende Aussage: "Ich habe in der Vergangenheit Erfolge erzielt und habe die Fähigkeit, auch zukünftig erfolgreich zu sein."

4. Negative Selbstkritik: "Ich bin zu schüchtern und kann keine sozialen Situationen meistern." Positive, unterstützende Aussage: "Ich habe meine eigene Art, mich auszudrücken, und Menschen schätzen meine ruhige und einfühlsame Art."

5. Negative Selbstkritik: "Ich bin immer unsicher und zweifle an

meinen Entscheidungen." Positive, unterstützende Aussage: "Ich vertraue meinen Instinkten und treffe kluge Entscheidungen basierend auf meinen Erfahrungen und meinem Wissen."

6. Negative Selbstkritik: "Ich bin faul und habe keine Disziplin." Positive, unterstützende Aussage: "Ich finde Motivation und nutze meine Zeit und Energie effektiv, um meine Ziele zu erreichen."

7. Negative Selbstkritik: "Ich werde niemals Erfolg haben. Ich bin nicht talentiert genug." Positive, unterstützende Aussage: "Ich habe einzigartige Talente und Fähigkeiten, die mich auf meinem Weg zum Erfolg unterstützen."

Erfolge feiern:

Sich auf die eigenen Stärken und Erfolge konzentrieren und diese wertschätzen. Bitte vergesse nicht, auch kleine Erfolge sind wichtig. Gehe diese Liste durch und schreibe dir eine eigene Liste. Manche Dinge fallen dir vielleicht erst morgen oder später ein.
Kleine Erfolge können individuell unterschiedlich sein, da sie von den persönlichen Zielen, Herausforderungen und Lebensumständen einer Person abhängen. Hier sind einige Beispiele für kleine Erfolge, die für verschiedene Menschen bedeutsam sein können:

1. Das Erreichen eines Tagesziels: Es kann ein Erfolg sein, wenn man sich ein realistisches Ziel für den Tag gesetzt hat und es erfolgreich erreicht hat, sei es im Beruf, im Studium, im Haushalt oder in anderen Lebensbereichen.

2. Überwindung einer kleinen Angst: Die Überwindung einer kleinen Angst, wie zum Beispiel das Ansprechen einer fremden Person, das Halten einer Präsentation oder das Ausprobieren einer neuen Aktivität, kann als Erfolg betrachtet werden.

3. Meisterung einer neuen Fertigkeit: Das Erlernen einer neuen Fertigkeit oder das Verbessern einer bestehenden Fähigkeit, wie zum Beispiel das Spielen eines Musikinstruments, das Erlernen

einer Fremdsprache oder das Beherrschen einer handwerklichen Technik, kann als Erfolg angesehen werden.

4. Das Erreichen eines Fitnessziels: Die Erfüllung eines Fitnessziels, wie zum Beispiel das Absolvieren einer bestimmten Anzahl von Trainingseinheiten in der Woche, das Erreichen eines bestimmten Gewichts oder das Steigern der körperlichen Ausdauer, kann als Erfolg betrachtet werden.

5. Die Bewältigung einer schwierigen Situation: Die erfolgreiche Bewältigung einer schwierigen Situation, sei es eine Konfliktsituation, ein persönliches Hindernis oder eine unerwartete Herausforderung, kann als Erfolg gewertet werden.

6. Das Abschließen eines Projekts: Das Abschließen eines Projekts, sei es beruflicher oder privater Natur, kann als Erfolg betrachtet werden. Dies kann das Fertigstellen einer Arbeit, das Renovieren eines Raums oder das Organisieren einer Veranstaltung umfassen.

7. Das Erreichen einer finanziellen Zielsetzung: Die Erreichung einer finanziellen Zielsetzung, wie zum Beispiel das Sparen eines bestimmten Betrags, das Begleichen von Schulden oder das Erreichen eines finanziellen Meilensteins, kann als Erfolg angesehen werden.

Es ist wichtig zu beachten, dass die Bedeutung von kleinen Erfolgen von Person zu Person unterschiedlich ist. Es geht darum, die eigenen individuellen Ziele zu erkennen und die Fortschritte und Errungenschaften auf diesem Weg anzuerkennen und zu feiern. Jeder kleine Erfolg kann das Selbstwertgefühl stärken und als Schritt in Richtung persönlichen Wachstums und Erfüllung betrachtet werden.

Selbstfürsorge:

Nehmen Sie sich Zeit für sich selbst und pflegen Sie Ihre körperliche, geistige und emotionale Gesundheit. Tun Sie Dinge, die Ihnen Freude bereiten und Ihre

Bedürfnisse erfüllen. Zeigen Sie sich selbst Liebe und Mitgefühl.

Realistische Erwartungen:

Setzen Sie sich realistische Ziele und erwarten Sie nicht, dass Sie immer perfekt sind. Erlauben Sie sich Fehler zu machen und betrachten Sie sie als Gelegenheiten zum Lernen und Wachsen.

Ein Beispiel für eine unrealistische Erwartung im Bezug auf den Selbstwert ist die Annahme, dass man niemals Fehler machen oder alles perfekt machen muss. Diese Erwartung basiert auf dem irrationalen Gedanken, dass Fehler oder Unvollkommenheit Anzeichen von persönlichem Versagen sind. Es kann zu einem ungesunden Streben nach Perfektion führen, bei dem man sich ständig unter Druck setzt und sich selbst kritisiert, wenn man nicht den eigenen überhöhten Standards entspricht.

Die Realität ist jedoch, dass niemand fehlerfrei ist und dass Perfektion eine unerreichbare Illusion ist. Fehler sind natürliche Bestandteile des Lern- und Wachstumsprozesses. Indem man unrealistische Erwartungen bezüglich Perfektion und Fehlerlosigkeit loslässt, kann man sich selbst mehr Raum für Selbstakzeptanz und Selbstmitgefühl geben. Man kann lernen, aus Fehlern zu lernen, sie als Gelegenheiten zur persönlichen Entwicklung und Verbesserung zu betrachten und sich selbst mit all seinen Stärken und Schwächen anzunehmen.

Indem man sich von der Vorstellung befreit, immer perfekt sein zu müssen, kann man eine gesündere Einstellung zum Selbstwert entwickeln und sich erlauben, authentisch zu sein und das Leben in vollen Zügen zu genießen.

Umgebungsgestaltung:

Umgeben Sie sich mit unterstützenden Menschen, die Sie akzeptieren und wertschätzen, so wie Sie sind. Vermeiden

persönlichem Versagen sind. Es kann zu einem ungesunden Streben nach Perfektion führen, bei dem man sich ständig unter Druck setzt und sich selbst kritisiert, wenn man nicht den eigenen überhöhten Standards entspricht.

Die Realität ist jedoch, dass niemand fehlerfrei ist und dass Perfektion eine unerreichbare Illusion ist. Fehler sind natürliche Bestandteile des Lern- und Wachstumsprozesses. Indem man unrealistische Erwartungen bezüglich Perfektion und Fehlerlosigkeit loslässt, kann man sich selbst mehr Raum für Selbstakzeptanz und Selbstmitgefühl geben. Man kann lernen, aus Fehlern zu lernen, sie als Gelegenheiten zur persönlichen Entwicklung und Verbesserung zu betrachten und sich selbst mit all seinen Stärken und Schwächen anzunehmen.

Indem man sich von der Vorstellung befreit, immer perfekt sein zu müssen, kann man eine gesündere Einstellung zum Selbstwert entwickeln und sich erlauben, authentisch zu sein und das Leben in vollen Zügen zu genießen.

Umgebungsgestaltung:

Umgeben Sie sich mit unterstützenden Menschen, die Sie akzeptieren und wertschätzen, so wie Sie sind. Vermeiden

Sie Menschen oder Situationen, die negativ auf Ihr Selbstwertgefühl wirken.

1. Überlege nun welche Menschen haben dich besonders geschätzt und anerkannt, auch wenn es weiter zurückliegt. Mache dir eine Liste und schreibe die Namen auf

2. Welche Personen haben gefühlsmäßig dazu beigetragen, dass dein Selbstwert erniedrigt wurde. Auch wenn es Eltern, Verwandte, Beziehungen, Lehrer usw. betrifft. Verfahre wie Punkt eins.

Ein Beispiel dafür, dass Menschen trotz der negativen Auswirkungen an schädlichen Beziehungen festhalten, könnte die Situation sein, in der jemand eine toxische Freundschaft oder eine belastende Partnerschaft hat. Obwohl diese Beziehung das Wohlbefinden und den Selbstwert des Einzelnen beeinträchtigt, bleibt er oder sie aus verschiedenen Gründen verbunden. Dies könnte auf Angst vor Einsamkeit, Abhängigkeit, geringes Selbstwertgefühl oder die Hoffnung auf Veränderung und Besserung der Beziehung zurückzuführen sein.

Wenn es darum geht, sich von solchen Menschen zu distanzieren, gibt es einige Empfehlungen:

1. Selbstreflexion: Es ist wichtig, die eigenen Bedürfnisse und Grenzen zu erkennen und ehrlich zu sich selbst zu sein, ob die Beziehung wirklich gesund und unterstützend ist oder nicht.

2. Unterstützung suchen: Es kann hilfreich sein, sich mit vertrauenswürdigen Freunden, Familienmitgliedern oder sogar

einem Therapeuten auszutauschen, um Unterstützung und Perspektive zu erhalten.

3. Grenzen setzen: Klare Grenzen zu setzen und diese gegenüber der anderen Person zu kommunizieren, kann dazu beitragen, die Dynamik der Beziehung zu verändern. Es ist wichtig zu wissen, was man akzeptieren und tolerieren kann und was nicht.

4. Selbstfürsorge: Sich auf die eigene Gesundheit und das eigene Wohlbefinden zu konzentrieren, kann helfen, die Stärke und den Mut zu finden, sich von schädlichen Beziehungen zu distanzieren. Selbstfürsorge kann verschiedene Formen annehmen, wie zum Beispiel regelmäßige Ruhepausen, Selbstpflegeaktivitäten oder die

Teilnahme an positiven sozialen Interaktionen.

5. Neues soziales Umfeld suchen: Es kann vorteilhaft sein, sich bewusst nach positiven, unterstützenden und gesunden sozialen Kreisen und Beziehungen umzusehen. Dies kann neue Perspektiven, Erfahrungen und Beziehungen bieten, die das Selbstwertgefühl und das allgemeine Wohlbefinden stärken.

Es ist wichtig zu beachten, dass das Loslassen schädlicher Beziehungen oft ein schrittweiser Prozess ist und individuell unterschiedlich sein kann. Es erfordert Mut, Selbstreflexion und die Bereitschaft, sich auf Veränderungen einzulassen.

Professionelle Unterstützung:

Wenn Sie Schwierigkeiten haben, Ihren Selbstwert oder Ihre Selbstakzeptanz zu stärken, scheuen Sie sich nicht, professionelle Unterstützung in Anspruch zu nehmen. Ein Therapeut oder Coach kann Ihnen dabei helfen, negative Denkmuster zu identifizieren und gesündere Ansätze zu entwickeln. Gerne stehe ich dir für Termine zur Verfügung. Idealerweise hast du dazu die in diesem Buch aufgeführten Aufgaben bereits ausgeführt, dass wir eine gute Basis zur gemeinsamen Arbeit haben. Buche bei Interesse zuerst einen kostenlosen Infotermin für ein erstes Gespräch:

https://kiefer-coaching.de

Die Entwicklung von Selbstwert und Selbstakzeptanz erfordert Zeit und

Geduld. Es ist ein kontinuierlicher Prozess, der es uns ermöglicht, uns selbst zu entfalten, unser volles Potenzial zu entfalten und ein erfülltes und authentisches Leben zu führen. Indem wir lernen, uns selbst anzunehmen und zu lieben, legen wir den Grundstein für unser persönliches Wachstum und unser inneres Wohlbefinden.

Mental Health
MasterCoach Holger Kiefer

Komme in deine Freiheit

Übungen

Wie gehabt, nehme dir für jede Übung ein Blatt Papier und fange jetzt an. Manche Dinge fallen dir vielleicht erst morgen oder später ein, aber lege jetzt los.

Selbstreflexion:

Nehmen Sie sich Zeit, um Ihre eigenen Werte, Bedürfnisse und Ziele zu erkennen. Reflektieren Sie darüber, was für Sie persönlich wichtig ist und welche Entscheidungen Ihnen helfen würden, Ihrem wahren Selbst treu zu bleiben.

Innere Stimme wahrnehmen:

Hören Sie auf Ihre innere Stimme und Intuition. Lernen Sie, auf Ihre eigenen Gefühle, Bedürfnisse und Wünsche zu achten und ihnen eine angemessene Bedeutung beizumessen. Neulich hatte ich ein Online-Meeting mit einem

Ehepaar, Klienten von mir, und sie fragten mich: „Wie können wir lernen auf die innere Stimme und Intuition zu hören?" Damit ich nicht jedes mal diese Frage beantworten muss, hier meine Tipps dafür.

Ruhe und Stille: Schaffen Sie bewusst Momente der Ruhe und Stille in Ihrem Alltag. Dies kann durch Meditation, Achtsamkeitsübungen oder einfach durch das Finden eines ruhigen Ortes geschehen. In diesem Zustand können Sie besser auf Ihre innere Stimme und Intuition hören.

1. Körperliche Achtsamkeit: Achten Sie auf die Körperempfindungen und -reaktionen, die Sie bei bestimmten Situationen oder Entscheidungen haben. Manchmal kommuniziert die Intuition durch subtile körperliche Reaktionen wie

Bauchgefühl, Herzklopfen oder Anspannung. Lernen Sie, diese Signale zu erkennen und ihnen Aufmerksamkeit zu schenken.

2. Gefühle wahrnehmen: Hören Sie auf Ihre Emotionen und Gefühle. Oftmals kann Ihre innere Stimme durch bestimmte Emotionen, wie Freude, Begeisterung oder Unbehagen, sprechen. Achten Sie darauf, wie Sie sich in verschiedenen Situationen fühlen, und nehmen Sie diese Gefühle ernst.

3. Tagebuch führen: Führen Sie regelmäßig ein Tagebuch, in dem Sie Ihre Gedanken, Gefühle und Beobachtungen festhalten. Dies ermöglicht Ihnen, Ihre inneren Erfahrungen zu reflektieren und Muster oder Zusammenhänge zu

erkennen. Sie können auch Ihre Intuition in Bezug auf bestimmte Ereignisse oder Entscheidungen aufzeichnen und im Nachhinein überprüfen, ob sie stimmig waren.

4. Innere Weisheit anerkennen: Erkennen und würdigen Sie, dass Ihre innere Stimme und Intuition wertvolle Informationen und Weisheit bieten können. Vertrauen Sie auf Ihre eigenen Fähigkeiten und Kenntnisse, um Entscheidungen zu treffen und den richtigen Weg einzuschlagen.

5. Risiko eingehen: Seien Sie bereit, Risiken einzugehen und Ihrer inneren Stimme zu vertrauen, auch wenn es manchmal unbequem oder unsicher erscheinen mag. Das Üben des Vertrauens in Ihre Intuition

erfordert Mut und die Bereitschaft, auch mal Fehler zu machen.

6. Selbstreflexion und Feedback: Nehmen Sie sich regelmäßig Zeit für Selbstreflexion und -bewertung. Schauen Sie zurück auf vergangene Entscheidungen und Situationen und überlegen Sie, ob Sie Ihrer Intuition gefolgt sind und wie sich dies ausgewirkt hat. Lernen Sie aus Erfahrungen und holen Sie sich gegebenenfalls auch Feedback von anderen ein.

Es ist verständlich, dass die innere Stimme und Intuition individuell sind und sich von Person zu Person unterscheiden können. Seien Sie geduldig mit sich selbst und geben Sie sich Zeit, um Ihren eigenen einzigartigen Zugang zu entwickeln. Mit der Zeit und der Praxis werden Sie lernen, auf Ihre innere

Stimme und Intuition zu vertrauen und diese als wertvolles Werkzeug für Ihre persönliche Entwicklung und Entscheidungsfindung einzusetzen.

Abgrenzungsfähigkeit:

Lernen Sie, sich von äußeren Erwartungen, Meinungen und Einflüssen abzugrenzen. Erkennen Sie, dass Sie das Recht haben, Ihre eigenen Entscheidungen zu treffen, auch wenn sie von anderen nicht unbedingt geteilt oder verstanden werden. Ich muss leider sagen, dass dieses Thema bei von fast jeder zweiten meiner Klientinnen an mich herangetragen wird. Daher hier die Tipps von mir als Coach, so können sie ihre Abgrenzungsfähigkeiten stärken:

Selbstreflexion: Machen Sie sich bewusst, welche eigenen Bedürfnisse,

Werte und Grenzen Sie haben. Nehmen Sie sich Zeit, um über Ihre persönlichen Grenzen nachzudenken und diese klar zu definieren.

1. Kommunikation: Lernen Sie, klar und direkt Ihre Meinungen, Wünsche und Grenzen zu kommunizieren. Seien Sie dabei respektvoll und achten Sie auf eine wertschätzende Art der Kommunikation.

2. Nein sagen: Erlernen Sie die Kunst des Nein-Sagens. Lernen Sie, sich zu weigern, wenn Sie etwas nicht tun möchten oder können. Setzen Sie klare Grenzen und lassen Sie sich nicht von Schuldgefühlen oder Angst vor Ablehnung zurückhalten.

3. Selbstwert stärken: Ein gesunder Selbstwert ist eng mit der Fähigkeit zur Abgrenzung verbunden.

Arbeiten Sie an Ihrem Selbstwertgefühl und entwickeln Sie ein positives Bild von sich selbst. Je mehr Sie sich selbst wertschätzen, desto leichter fällt es Ihnen, Ihre eigenen Grenzen zu respektieren und zu verteidigen.

4. Grenzen setzen: Identifizieren Sie, welche Situationen oder Menschen Ihre Grenzen überschreiten, und setzen Sie klare Grenzen. Lernen Sie, "Stopp" zu sagen, wenn Sie sich unwohl fühlen oder Ihre persönlichen Grenzen verletzt werden.

5. Selbstfürsorge: Nehmen Sie sich Zeit für sich selbst und achten Sie auf Ihre eigenen Bedürfnisse. Sorgen Sie für ausreichende Erholung, setzen Sie Grenzen bei der Arbeit und in Beziehungen und

nehmen Sie sich bewusst Auszeiten, um Ihre Energie wieder aufzuladen.

6. Selbstbewusstsein entwickeln: Stärken Sie Ihr Selbstbewusstsein, indem Sie sich Ihrer Stärken und Fähigkeiten bewusst werden. Je mehr Sie an sich und Ihre Fähigkeiten glauben, desto selbstbewusster werden Sie in Ihrer Abgrenzung sein.

7. Unterstützung suchen: Holen Sie sich Unterstützung von vertrauenswürdigen Freunden, Familienmitgliedern oder Fachleuten, wenn Sie Schwierigkeiten haben, Ihre Grenzen zu setzen. Sie können Ihnen helfen, Ihre Perspektive zu erweitern und neue Strategien zu entwickeln.

Geben sie nicht auf, denn dass das Stärken der Abgrenzungsfähigkeiten ist ein fortlaufender Prozess, der Zeit und Übung erfordert. Seien Sie geduldig mit sich selbst und feiern Sie kleine Fortschritte. Mit der Zeit werden Sie lernen, Ihre Grenzen zu schützen und eine gesunde Balance zwischen Ihren eigenen Bedürfnissen und den Bedürfnissen anderer zu finden.

Mut zur Authentizität:

Seien Sie mutig, Ihr wahres Selbst auszudrücken und Entscheidungen zu treffen, die mit Ihrer inneren Überzeugung im Einklang stehen. Seien Sie bereit, sich von der Masse abzuheben und Ihren eigenen Weg zu gehen.

Selbstverantwortung:

Übernehmen Sie Verantwortung für Ihre Entscheidungen und die daraus resultierenden Konsequenzen. Nehmen Sie die Kontrolle über Ihr eigenes Leben und Ihre Entscheidungen in die Hand.

Ein gesunder Selbstwert ermöglicht es uns, in der Entscheidungsfindung authentisch zu bleiben und uns selbst treu zu bleiben. Indem wir unsere eigenen Bedürfnisse und Werte erkennen und ihnen eine angemessene Priorität einräumen, treffen wir Entscheidungen, die uns erfüllen und unserem wahren Selbst Ausdruck verleihen. Es ist ein fortwährender Prozess der Selbstreflexion und Selbstachtung, der es uns ermöglicht, ein erfülltes und authentisches Leben zu führen.

Hohe Anerkennung ein Relikt aus alten Zeiten

Targi auf Kamel, Postkarte der Kolonialausstellung 1907

Vielleicht bist Du selber Mutter oder Vater und vielleicht hast Du das Gefühl, dass Du als Elternteil versagt hast, weil der Nachwuchs dich nicht respektiert oder du mit Selbstzweifeln zu kämpfen hast.

In dem Zusammenhang kann man auch die Überlegung anstellen, wie war deine

Wertschätzung gegenüber deiner Mutter, deinem Vater. Hast Du ihnen den hohen Wert zugestanden? Das soll nun nicht in Selbstvorwürfe oder Kritik ausarten, sondern den Blick dafür öffnen, dass manche Bewertungen, die einen selbst betreffen, ebenso die der anderen Mitmenschen, seien es Eltern oder Partner bzw. Partnerin, oft aus schwierigen Situationen heraus entstanden, die mit unserer Kultur, unserer Gesellschaft und dem Wertewandel, sowie weiteren Einflüssen in Interaktion stehen.

Lass mich ein wenig darauf eingehen. Wenn Du ein innerliches Bild eines naturnahen Volkes in dir aufrufst, wie, wie zum Beispiel die Tuareg oder Beduinen, die in Wüstenregionen leben und Kamele als Teil ihrer Lebensweise nutzen.

Beduinen auf der Sinai-Halbinsel, 1967
Quelle: Levin, Moshe Marlin /Meitar Collection / Israelische Nationalbibliothek / The Pritzker Family National Photography Collection / Israel State Archives

Ich habe so ein Bild vor mir, dass es Menschen sind, die seit Jahrtausenden oder länger aufrecht und stolz in ihren Gebieten umhergezogen sind. Ein Leben, das immer den Herausforderungen der

Natur trotzte, in dem es im Einklang mit den natürlichen Gesetzen lebte.

Durch den Einzug der modernen Errungenschaften, dem Ausbreiten der kapitalistisch geprägten Welt, wenn man es so nennen will, ändert sich vieles, was ihre Kultur und Lebensweise bedroht.

Aber die ganzen Zeiten davor war es ein Leben im Einklang mit der wilden und rauhen Natur, sonst hätten sie nicht überleben können. Worauf ich hinaus will ist, dass es nicht die Herausforderungen und Umwälzungen gab, wie es in modernen Gesellschaften der Fall ist. Das Leben lief stets geordnet in gleichen Rhythmen, man zollte sich gegenseitig Respekt und wenn es Probleme gab, wurden sie solange beraten, bis sie gelöst waren. Man war aufeinander angewiesen, hielt zusammen.

Je komplexer jedoch die auf uns einwirkenden Einflüsse der westlichen Welt werden, umso schwieriger wird es, mit diesen umzugehen. Damit meine ich nicht die technische Seite des Lebens, sondern das, was es mit uns in unserem Inneren bewirkt.

Würdest du mir widersprechen, wenn ich sage, dass ein Großteil unserer Gesellschaft emotional und in seinem Handeln krank ist? Ich denke dabei an Lieblosigkeit, an Machtstreben, an Gier, an Neid, Alkoholabhängigkeit, Drogenkonsum, Fanatismus, neue Ideologien, Falschheit, Lügen, Betrug, um nur ein paar Beispiele zu nennen. Alle diese kranken Erscheinungen unserer heutigen Gesellschaft haben mehr oder weniger Einfluss auf uns und die Menschen mit denen wir es zu tun haben. Dazu kommen noch Stress, Zeitmangel,

Informationsüberflutung. In den Stämmen der mit der Natur lebenden Völker gab es diese Misstände nicht. Alles hatte seine geregelte Ordnung, auch in den Beziehungen des Stammes. Kriege und Streit mit anderen Stämmen gab es, aber nicht untereinander.

Wir leben nicht mehr in einer gefestigten und immer währenden Ordnung wie die Tuareg, Beduinen oder Stämme in abgelegenen, unberührten Regionen, in denen die Werte und Verhaltensregeln von Generation zu Generation weitergegeben werden und mit denen man seit Ewigkeiten lebt.

Und so entstehen ganz andere Bilder, Gedanken, Gefühle in uns, welche mit dem was man als man reinste Form der Schöpfung Mensch nicht mehr viel gemeinsam hat.

Der Mensch als Schöpfung hat seinen ganz eigenen Wert, einen Selbstwert, welcher aus seiner eigentlichen Natur entspringt und unermesslich hoch ist. Das bedeutet, ich, du, sie, wir sind etwas ganz besonderes auf diesem Planeten. Nur erkennen das nicht alle und nicht alle Menschen denken und handeln danach.

Ich will an dieser Stelle gerne zwei Aussagen zitieren, welche von Jesus überliefert ist:

> Schaut euch die Vögel an! Sie säen nicht, sie ernten nicht und sammeln auch nichts in Scheunen. Doch euer Vater im Himmel ernährt sie. **Und ihr? Seid ihr nicht viel wertvoller als sie?**
>
> Matthäus 6:26

Ihr wisst doch, dass zwei Spatzen für einen Cent verkauft werden. Doch nicht einer von ihnen fällt auf die Erde, ohne dass euer Vater es zulässt. Und bei euch sind selbst die Haare auf dem Kopf alle gezählt. Habt also keine Angst! **Ihr seid doch mehr wert als ganze Schwärme von Spatzen**.

Matthäus 10:29-31

Aus einer höheren, aus der göttlichen Perspektive
bist Du ungeachtet deiner Bildung oder deines Einkommens
hoch geachtet.
Magst Du das annehmen? Verinnerlichen?

Wenn andere Menschen dich nicht wertschätzen, dann liegt das daran, dass sie Defizite in der Nächstenliebe haben. Seit zweitausend Jahren haben sich die

Gesellschaften immer wieder verändert und das leider nicht in allen Bereichen zu Guten:

> Und weil die Missachtung des Gesetzes überhandnehmen wird, wird die Liebe in vielen erkalten.
> Mt 24,12

Hier habe ich für dich noch ein Zitat aus dem Koran

Ich möchte dir noch eine Stelle aus dem Koran zeigen, welche Bezug auf Eltern nimmt. Und vielleicht hast auch Du Kinder, aber zumindest hast Du Eltern.

۞ وَقَضَىٰ رَبُّكَ أَلَّا تَعْبُدُوٓا۟ إِلَّآ إِيَّاهُ وَبِٱلْوَٰلِدَيْنِ إِحْسَٰنًا ۚ إِمَّا يَبْلُغَنَّ عِندَكَ ٱلْكِبَرَ أَحَدُهُمَآ أَوْ كِلَاهُمَا فَلَا تَقُل لَّهُمَآ أُفٍّ وَلَا تَنْهَرْهُمَا وَقُل لَّهُمَا قَوْلًا كَرِيمًا ﴿٢٣﴾

„Und entschieden hat dein Herr: ‚Ihr sollt Ihm dienen nur, und behandelt die Eltern gut! Wenn einer oder beide bei dir alt geworden, so sag nicht zu ihnen ‚Oh!' und fahre sie nicht an, sondern sprich zu ihnen Worte, edle! Und senke für sie den Flügel der Demut in Barmherzigkeit und sag: ‚Mein Herr, erbarme Dich ihrer, wie sie mich aufgezogen, als ich klein war!'."
Sure 17 Verse 23-24

Die Stimme des Korans schützt die Schwachen und Bedürftigen; der Blick ist nicht auf den Gewinn und auf die Produktivität gerichtet, sondern gewürdigt werden hier Menschen als Menschen – gerade in ihrer Eigenschaft als alte Menschen.

Die Güte und anmutige Haltung, die der Koran einem im Umgang mit den Eltern nahelegt, ist nicht direkt mit einem Lohnversprechen verbunden. Damit werden die Eltern nicht als Mittel zur eigenen Belohnung begriffen.

Gut zu sein ist hier der Befehl Gottes – ohne dafür einen Lohn zu erwarten. Die zitternden Hände der Eltern mit Achtung zu halten ist selbst Belohnung. Bedürftigen Gutes zu tun, bereichert einen selbst unmittelbar.

Unzählige Überlieferungen dokumentieren, wie ernst und konsequent der Prophet Mohammad diese Worte in seinem Leben in die Tat umgesetzt hat.

Mit einer der schönsten Wendungen, die dem Koran eigen sind, wird sodann das Verhältnis zu den Eltern präzise gefasst:

„**Und senke für sie den Flügel der Demut in Barmherzigkeit**".

Dr. Milad Karimi, Universität Münster
Quelle: https://www.deutschlandfunk.de/sure-17-verse-23-24-hohe-

wertschaetzung-fuer-die-eigenen-100.html

Nach diesen Zeugnissen, dass Du deinen Selbstwert als ein von Gottes Geist geschaffenes Wesen inne hast, um es religiös auszudrücken, besteht gar kein Zweifel mehr, dass Du an deinem Selbstwert zweifeln musst. Allein diese Tatsache, dass Du in diese Welt geboren wurdest, ebenso wie alle anderen Menschen, zeigt doch deutlich auf, dass es keinen Unterschied vom Wert her gibt.

Unterscheidungen werden von einem Selbst getroffen, weil einem vielleicht etwas eingeredet wurde oder weil man sich mit anderen in Bezug auf irdische Dinge wie Geld, Bildung, Aussehen oder Ansehen vergleicht. Denke nochmal zurück an das was ich über die Naturvölker geschrieben habe. Es ist Gemeinschaft in diesen Völkern und Stämmen. Jeder ist ein vollwertiges

Mitglied. Da ist kein Platz für besser oder schlechter, höher oder niedriger.

Also lass es nicht zu, dass du deinen Selbstwert unter den Scheffel stellst. Dazu gleich noch ein Zitat:

> Jesus spricht das Gleichnis zu seinen Jüngern und sagt ihnen, dass sie das Licht der Welt seien. Sie sollten ihr Licht vor den Leuten leuchten lassen, damit diese ihre guten Werke sähen und den himmlischen Vater priesen. Denn ein Licht zünde man schließlich nicht an, um es unter einen Scheffel zu stellen, sondern auf einen Leuchter, damit es allen Menschen im Haus leuchte.
> Markus (Mk 4,21–25 und Lukas (Lk 8,16–18

Das Zitat bezieht sich auf die Jünger, welche den christlichen Glauben auch tatsächlich leben.

Gehen wir nun auf Theorie und auf Praxis ein.

Einführung: Die Bedeutung des Selbstwerts

Der Selbstwert ist ein grundlegendes Konzept der Psychologie, das eine zentrale Rolle in unserem Leben spielt. Er bezieht sich auf die **Wertschätzung, die wir uns selbst entgegenbringen** und die **Überzeugungen, die wir über unsere eigene Wertigkeit haben**. Der Selbstwert beeinflusst maßgeblich, wie wir uns selbst sehen, wie wir uns fühlen und wie wir mit anderen interagieren. Ein gesunder Selbstwert ist von großer Bedeutung für unser Wohlbefinden und unsere psychische Gesundheit. Er wirkt sich auf verschiedene Aspekte unseres Lebens aus und prägt unsere Einstellungen, Entscheidungen und Verhaltensweisen.

Ein positives Selbstwertgefühl ermöglicht es uns, uns selbst zu akzeptieren und uns selbst zu lieben, mit unseren Stärken und Schwächen. Es gibt uns das Gefühl von Selbstvertrauen und Selbstsicherheit, was wiederum dazu beiträgt, dass wir mutig neue Herausforderungen angehen und unsere Ziele verfolgen. Ein gesunder Selbstwert bildet die Grundlage für ein erfülltes Leben.

Auf der anderen Seite kann ein niedriger Selbstwert erhebliche Auswirkungen haben. Menschen mit einem geringen Selbstwert fühlen sich oft unsicher, zweifeln an ihren Fähigkeiten und haben Schwierigkeiten, ihre eigenen Bedürfnisse zu erkennen und zu erfüllen. Sie neigen dazu, sich selbst abzuwerten, kritisieren sich ständig und fühlen sich möglicherweise minderwertig. Ein niedriger Selbstwert kann zu psychischen Problemen wie Depressionen,

Angstzuständen und sozialer Isolation führen.

Selbstwert und Beziehungen

Der Selbstwert beeinflusst nicht nur unsere emotionale Gesundheit, sondern auch unsere zwischenmenschlichen Beziehungen. Ein positiver Selbstwert ermöglicht es uns, uns selbst und andere zu respektieren, gesunde Grenzen zu setzen und positive Beziehungen aufzubauen. Ein niedriger Selbstwert kann hingegen zu Abhängigkeiten, toxischen Beziehungen und einem Mangel an Selbstbehauptung führen.

Selbstwert und Beruf

Auch in beruflicher Hinsicht spielt der Selbstwert eine entscheidende Rolle. Menschen mit einem starken Selbstwert haben mehr Vertrauen in ihre Fähigkeiten, sind motivierter und erfolgreicher in ihrem Berufsleben. Sie sind bereit, Risiken einzugehen, neue Herausforderungen anzunehmen und ihre beruflichen Ziele zu verfolgen. Ein niedriger Selbstwert hingegen kann zu Selbstzweifeln, Unsicherheit und einem geringen beruflichen Erfolg führen.

Selbstwert und Unzufriedenheit mit dem Körper und Essstörungen

Der Selbstwert hat auch Auswirkungen auf unser körperliches Wohlbefinden. Ein gesundes Selbstbild und eine positive Einstellung zu unserem Körper sind eng mit einem hohen Selbstwertgefühl verbunden. Ein niedriger Selbstwert hingegen kann zu Selbstkritik, Körperunzufriedenheit und Essstörungen führen.

In diesem Buch werden wir uns eingehend mit dem Konzept des Selbstwerts befassen und seine

Auswirkungen in verschiedenen Lebensbereichen erkunden. Wir werden Strategien und Übungen zur Stärkung des Selbstwerts kennenlernen und Wege aufzeigen, wie wir ein positives Selbstwertgefühl aufbauen und erhalten können. Denn ein starkes Fundament des Selbstwerts ist von zentraler Bedeutung, um ein erfülltes und glückliches Leben zu führen.

Definition und Konzept des Selbstwerts

Unser Selbstwertgefühl wird maßgeblich durch unsere Erfahrungen, Erziehung, soziales Umfeld und persönlichen Überzeugungen geprägt. Positive Erfahrungen, wie Anerkennung, Erfolge und unterstützende Beziehungen, können zu einem gesunden Selbstwert beitragen. Negative Erfahrungen, wie Ablehnung, Misserfolge oder kritische Bewertungen, können hingegen den Selbstwert beeinträchtigen.

Selbstverständlich ist es so, dass der Selbstwert kein statisches Konzept ist, sondern sich im Laufe des Lebens entwickelt und verändern kann. Unsere Selbstwahrnehmung und unser Selbstwertgefühl können von verschiedenen Faktoren beeinflusst werden, darunter auch kulturelle und gesellschaftliche Normen, individuelle Lebensereignisse und persönliche Herausforderungen.

Ein gesunder Selbstwert ist von großer Bedeutung für unser

- Wohlbefinden und unsere
- psychische Gesundheit.

Er ermöglicht es uns, uns selbst anzunehmen, mit unseren Stärken und Schwächen, und schafft die Grundlage für ein positives Selbstkonzept. Ein starkes Selbstwertgefühl stärkt unser

- Selbstvertrauen, unsere
- Resilienz und unsere
- Fähigkeit, mit Herausforderungen umzugehen.

Ein niedriger Selbstwert hingegen kann zu negativen Auswirkungen führen. Menschen mit einem geringen Selbstwert zweifeln oft an ihren Fähigkeiten, fühlen sich minderwertig und haben Schwierigkeiten, sich selbst anzunehmen. Dies kann zu negativen Gedanken und Emotionen wie

- Selbstzweifeln,
- Unsicherheit,
- Angst und
- Depression

führen.

Die Entwicklung eines gesunden Selbstwerts ist ein fortlaufender Prozess, der

- Selbstreflexion,
- Selbstakzeptanz und
- Selbstfürsorge

erfordert. Es gibt verschiedene Strategien und Übungen, die dazu beitragen können, den Selbstwert zu stärken und ein positives Selbstwertgefühl zu entwickeln.

In den folgenden Kapiteln werden wir uns eingehender mit den Auswirkungen des Selbstwerts in verschiedenen Lebensbereichen befassen und Möglichkeiten erkunden, wie wir unseren Selbstwert stärken können, um ein erfülltes und glückliches Leben zu führen.

Die Entwicklung des Selbstwerts im Laufe des Lebens

Der Selbstwert ist ein dynamisches Konzept, das sich wie erwähnt im Laufe des Lebens entwickelt und verändert. In den verschiedenen Lebensphasen durchläuft jeder von uns eine Reihe von Entwicklungsstufen, die den Selbstwert beeinflussen können. Diese Entwicklung des Selbstwerts ist von zentraler Bedeutung für unsere Identitätsbildung, unser Selbstverständnis und unser psychisches Wohlbefinden.

Frühe Kindheit:

Die Entwicklung des Selbstwerts beginnt bereits in der frühen Kindheit. In diesem Stadium spielt die Bindung an die primären Bezugspersonen eine entscheidende Rolle. Eine sichere Bindung und liebevolle Fürsorge legen den Grundstein für ein gesundes Selbstwertgefühl. Kinder entwickeln ein Gefühl von Vertrauen und Sicherheit, wenn ihre Bedürfnisse erfüllt werden und sie in ihrer Individualität wertgeschätzt werden.

Kindheit und Adoleszenz:

Während der Kindheit und Adoleszenz geht die Entwicklung des Selbstwerts mit der Erweiterung des sozialen Umfelds einher. Kinder und Jugendliche suchen verstärkt nach Bestätigung und Anerkennung durch Gleichaltrige, Lehrer und andere wichtige Personen in ihrem

Leben. Erfolge in schulischen, sportlichen oder künstlerischen Aktivitäten können das Selbstwertgefühl stärken, während Misserfolge oder Ablehnung das Selbstwertgefühl beeinträchtigen können.

Junge Erwachsene:

Der Übergang ins Erwachsenenalter ist geprägt von der Suche nach Identität und Selbstverwirklichung. In dieser Phase geht es darum, herauszufinden, wer man ist und welche Werte, Ziele und Interessen einem wichtig sind. Das Erreichen von persönlichen Zielen, beruflicher Erfolg und das Aufbauen von stabilen Beziehungen können das Selbstwertgefühl stärken und ein Gefühl von Selbstwirksamkeit vermitteln.

Erwachsenenalter:

Im Erwachsenenalter bleibt die Entwicklung des Selbstwerts von Bedeutung, da neue Lebensbereiche wie Karriere, Partnerschaft, Elternschaft und persönliche Herausforderungen hinzukommen. Das Selbstwertgefühl kann durch die Fähigkeit beeinflusst werden, mit

- Stress und Konflikten umzugehen,
- Entscheidungen zu treffen,
- Verantwortung zu übernehmen und
- sich selbst zu pflegen.

Positive Selbstwahrnehmung und Selbstakzeptanz sind entscheidend, um ein stabiles Selbstwertgefühl aufrechtzuerhalten.

Spätes Erwachsenenalter:

Im späten Erwachsenenalter kann der Selbstwert von verschiedenen Faktoren beeinflusst werden, wie dem körperlichen Wandel, dem Eintritt in den Ruhestand oder dem Verlust von nahestehenden Personen. Ich kann nur empfehlen, den Selbstwert auch in dieser Lebensphase zu pflegen, indem man seine Erfahrungen, Weisheit und Beiträge wertschätzt und nach neuen Bedeutungen und Zielen sucht.

Die Entwicklung des Selbstwerts ist kein geradliniger Prozess. Es gibt Höhen und Tiefen, Erfolge und Rückschläge, die den Selbstwert beeinflussen können. Selbstreflexion, Selbstakzeptanz und Selbstfürsorge sind entscheidende Faktoren, um einen gesunden Selbstwert im Laufe des Lebens zu fördern. Indem wir uns unserer eigenen Wertigkeit bewusst sind und uns liebevoll annehmen, können wir ein stabiles und positives Selbstwertgefühl entwickeln und aufrechterhalten.

Selbstwert und Selbstakzeptanz: Sich selbst annehmen und lieben lernen

Selbstwert und Selbstakzeptanz sind eng miteinander verbundene Konzepte, die eine grundlegende Rolle für unser Wohlbefinden und unsere psychische Gesundheit spielen. Sie bezeichnen die Fähigkeit, um das noch einmal zu betonen, sich selbst anzunehmen, mit all unseren Stärken, Schwächen und Unvollkommenheiten, und sich bedingungslos zu lieben.

Die Selbstakzeptanz ist also so gesehen ein wichtiger Bestandteil des Selbstwerts. Sie bedeutet, dass wir uns selbst so annehmen, wie wir sind, ohne uns selbst zu verurteilen oder ständig nach Perfektion zu streben. Selbstakzeptanz beinhaltet die Bereitschaft, unsere Fehler und Schwächen zu akzeptieren und uns selbst mit Mitgefühl zu behandeln.

Die Entwicklung von Selbstakzeptanz kann eine Herausforderung sein, insbesondere in einer Gesellschaft, die oft hohe Standards und unrealistische Erwartungen an uns stellt. Wir neigen dazu, uns mit anderen zu vergleichen und uns selbst abzuwerten, wenn wir das Gefühl haben, nicht den Normen oder Idealen zu entsprechen. Dies kann dann zu einem niedrigen Selbstwertgefühl und einem Mangel an Selbstakzeptanz führen.

Selbstakzeptanz zu kultivieren

Um Selbstakzeptanz zu kultivieren, ist es wichtig, sich bewusst zu machen, dass niemand perfekt ist und dass es in Ordnung ist, Fehler zu machen. Es geht darum, sich selbst mit Freundlichkeit und Verständnis zu behandeln und zu erkennen, dass wir als Menschen wertvoll sind, unabhängig von unseren Leistungen oder äußeren Erscheinungsbildern.

Selbstwert und Selbstakzeptanz sind nicht statisch, sondern können entwickelt und gestärkt werden. Hier sind einige Strategien, die dabei helfen können:

Übungen

Wie gehabt, nehme dir für jede Übung ein Blatt Papier und fange jetzt an. Manche Dinge fallen dir vielleicht erst morgen oder später ein, aber lege jetzt los.

Der Einfluss des Selbstwerts auf die emotionale Gesundheit

Der Einfluss des Selbstwerts auf die emotionale Gesundheit

Der Selbstwert spielt eine entscheidende Rolle für unsere emotionale Gesundheit und unser Wohlbefinden. Er beeinflusst, wie wir uns fühlen, wie wir mit Herausforderungen umgehen und wie wir uns in Beziehungen zu anderen Menschen verhalten. Ein gesundes Selbstwertgefühl fördert positive Emotionen, während ein niedriger Selbstwert negative Auswirkungen auf unsere emotionale Gesundheit haben kann.

Ein starkes Selbstwertgefühl wirkt sich positiv auf unsere emotionale Gesundheit aus. Menschen mit einem gesunden Selbstwert fühlen sich in der Regel wertgeschätzt, respektiert und liebenswert. Sie haben ein positives Selbstbild und sind in der Lage, ihre eigenen Stärken anzuerkennen und sich auf ihre Erfolge zu konzentrieren. Dies fördert ein Gefühl von Zufriedenheit, Selbstvertrauen und innerer Stärke.

Ein gesunder Selbstwert ermöglicht es uns auch, mit negativen Emotionen besser umzugehen. Wir können Kritik oder Ablehnung besser verkraften, da wir uns nicht sofort persönlich angegriffen fühlen. Wir sind in der Lage, uns von toxischen Beziehungen oder belastenden Situationen zu distanzieren, da wir unsere eigenen Grenzen kennen und wahren können.

Darüber hinaus hat ein gesunder Selbstwert auch einen positiven Einfluss auf unsere Beziehungen zu anderen Menschen. Wenn wir uns selbst wertschätzen und respektieren, sind wir eher in der Lage, auch andere Menschen wertzuschätzen und respektvoll mit ihnen umzugehen. Ein gesunder Selbstwert fördert Empathie, Mitgefühl und die Fähigkeit, gesunde Beziehungen auf Augenhöhe aufzubauen.

Im Gegensatz dazu kann ein niedriger Selbstwert negative Auswirkungen auf unsere emotionale Gesundheit haben. Menschen mit einem niedrigen Selbstwert neigen dazu, sich selbst abzuwerten, sich ständig mit anderen zu vergleichen und sich selbst die Schuld für Misserfolge oder negative Erfahrungen zu geben. Dies kann zu einem Gefühl der Unzulänglichkeit, der Angst vor Ablehnung und zu Selbstzweifeln führen.

Ein niedriger Selbstwert kann auch zu emotionalen Problemen wie Depressionen, Angststörungen, sozialer Isolation und einem geringen

Selbstvertrauen führen. Menschen mit einem niedrigen Selbstwert haben oft Schwierigkeiten, ihre eigenen Bedürfnisse zu kommunizieren, Grenzen zu setzen und gesunde Beziehungen aufzubauen. Sie können dazu neigen, sich in destruktive Verhaltensweisen wie Selbstschädigung oder Sucht zu flüchten.

Es ist wichtig zu betonen, dass der Selbstwert kein fester Zustand ist. Er kann sich im Laufe der Zeit entwickeln und verändern. Mit der bewussten Arbeit an der Stärkung des Selbstwerts können wir positive Veränderungen in unserer emotionalen Gesundheit erreichen.

Es gibt verschiedene Strategien und Ansätze, um den Selbstwert zu stärken und die emotionale Gesundheit zu verbessern.

Zur Erinnerung – haben sie die Übungen gemacht?
Hier ist nochmal die Gelegenheit dazu:

- Selbstreflexion: Sich mit den eigenen Gedanken, Gefühlen und Überzeugungen auseinandersetzen und negative Denkmuster erkennen und hinterfragen.
- Selbstfürsorge: Sich selbst liebevoll behandeln und auf die eigenen Bedürfnisse achten.
- Unterstützung suchen: Sich professionelle Hilfe suchen, wie zum Beispiel bei einem Therapeuten oder Coach, um den Selbstwert gezielt zu stärken.
- Positive Selbstgespräche: Sich selbst positive und unterstützende Botschaften vermitteln und negative Selbstkritik hinterfragen.

- Erfolge feiern: Sich auf die eigenen Stärken und Erfolge konzentrieren und diese wertschätzen.
- Umfeldgestaltung: Sich von toxischen Beziehungen und negativen Einflüssen distanzieren und sich in einem unterstützenden Umfeld bewegen.

Indem wir unseren Selbstwert stärken und unsere emotionale Gesundheit fördern, können wir ein erfülltes und glückliches Leben führen und resilienter gegenüber den Herausforderungen des Lebens sein. Es ist ein kontinuierlicher Prozess, der Achtsamkeit, Selbstreflexion und Selbstmitgefühl erfordert, aber die Investition in unseren Selbstwert ist von unschätzbarem Wert.

Deshalb noch einmal die Aufforderung, mache die Übungen

Selbstwert und zwischenmenschliche Beziehungen: Sich selbst und andere respektieren

Der Selbstwert spielt eine bedeutende Rolle in unseren zwischenmenschlichen Beziehungen. Wie wir uns selbst wahrnehmen, beeinflusst maßgeblich, wie wir uns anderen gegenüber verhalten und wie wir in Beziehungen agieren.

Wenn du mit einem mürrischen Gesicht in einen Raum mit anderen Personen kommst, werden sie sich anders dir gegenüber verhalten, als wenn du gut gelaunt hineinkommst.

Ein gesunder Selbstwert ermöglicht es uns, uns selbst zu respektieren und auch anderen mit Respekt zu begegnen. Wenn wir einen gesunden Selbstwert haben, erkennen wir unsere eigene Wertigkeit an und haben ein positives Selbstbild. Das ermöglicht es uns, uns in zwischenmenschlichen Beziehungen auf Augenhöhe zu begegnen und uns nicht unter- oder überlegen zu fühlen. Wir haben ein Gefühl der inneren Stärke und sind in der Lage, unsere eigenen Bedürfnisse zu kommunizieren und unsere Grenzen zu setzen.

Ein gesunder Selbstwert fördert auch den Respekt gegenüber anderen Menschen. Wenn wir uns selbst wertschätzen, sollten wir auch andere wertschätzen und respektieren. Wir sind in der Lage, die Individualität und Autonomie anderer zu akzeptieren und anzuerkennen. Respektvolle Beziehungen sind geprägt von Empathie, gegenseitigem Verständnis und Achtung der Bedürfnisse und Grenzen des anderen.

Im Gegensatz dazu kann ein niedriger Selbstwert dazu führen, dass wir uns in Beziehungen unterordnen oder uns selbst über andere stellen. Ein niedriger Selbstwert kann zu einem Mangel an Selbstvertrauen und einem ständigen Bedürfnis nach Bestätigung führen. Das kann zu ungesunden Dynamiken führen, in denen wir uns selbst vernachlässigen oder andere manipulieren, um unsere eigenen Bedürfnisse zu erfüllen.

hier sind Beispiele, wie ein niedriger Selbstwert zu bestimmten Verhaltensweisen in Beziehungen führen kann:

1. Unterordnung: Menschen mit niedrigem Selbstwert können dazu neigen, sich in Beziehungen unterzuordnen und die Bedürfnisse und Wünsche des Partners über ihre eigenen zu stellen. Sie haben möglicherweise Angst vor Konflikten oder Ablehnung und versuchen, Konflikte zu vermeiden, indem sie sich anpassen und den Erwartungen des Partners nachgeben.

2. Bedürftigkeit: Ein niedriger Selbstwert kann zu einem erhöhten Bedürfnis nach Bestätigung und

Anerkennung führen. Menschen mit geringem Selbstwert können in Beziehungen übermäßig von der Zustimmung und Aufmerksamkeit ihres Partners abhängig sein und sich unsicher fühlen, wenn sie diese nicht erhalten.

3. Kontrollverhalten: In manchen Fällen kann ein niedriger Selbstwert dazu führen, dass Menschen versuchen, Kontrolle über ihre Partner auszuüben. Sie können versuchen, ihre Unsicherheit und Ängste zu kompensieren, indem sie die Handlungen und Entscheidungen des Partners überwachen und kontrollieren.

4. Überkompensation: Manche Menschen mit niedrigem Selbstwert neigen dazu, sich über andere zu stellen, um ihr eigenes

Selbstwertgefühl zu steigern. Sie versuchen, sich über Leistung, Status oder materielle Dinge zu definieren und anderen gegenüber eine überlegene Haltung einzunehmen.

5. Verlustangst: Menschen mit niedrigem Selbstwert können eine erhöhte Angst vor dem Verlust der Beziehung oder des Partners haben. Sie können sich ständig Sorgen machen, dass sie nicht genug sind oder dass der Partner sie verlassen könnte, was zu einer angespannten und unsicheren Dynamik in der Beziehung führen kann.

Es ist klar, dass diese Verhaltensweisen nicht bei allen Menschen mit niedrigem Selbstwert auftreten, und dass nicht alle Menschen mit diesen Verhaltensweisen zwangsläufig einen niedrigen Selbstwert haben. Die Art und Weise, wie ein niedriger Selbstwert in Beziehungen zum Ausdruck kommt, kann je nach individuellen Erfahrungen, Persönlichkeitsmerkmalen und Umständen variieren. Es ist jedoch entscheidend, dass Menschen mit niedrigem Selbstwert lernen, an ihrem Selbstwert zu arbeiten und gesunde Beziehungsverhaltensweisen zu entwickeln, um erfüllende und respektvolle Partnerschaften aufzubauen.

Ein gesunder Selbstwert ist die Grundlage für eine respektvolle Kommunikation und Konfliktlösung in zwischenmenschlichen Beziehungen. Wenn wir uns selbst respektieren, sind wir in der Lage, unsere Meinungen und Wünsche klar und respektvoll zu kommunizieren. Wir können auch auf die

Meinungen und Bedürfnisse anderer eingehen und versuchen, gemeinsame Lösungen zu finden.

Um den Selbstwert in Beziehungen zu stärken und einen respektvollen Umgang zu fördern, sind folgende Schritte hilfreich:

1. Selbstreflexion: Reflektieren Sie Ihre eigenen Werte, Überzeugungen und Verhaltensmuster. Fragen Sie sich, ob Sie sich selbst und anderen mit Respekt begegnen und wo möglicherweise Verbesserungspotenzial besteht.

2. Grenzen setzen: Identifizieren Sie Ihre eigenen Bedürfnisse und lernen Sie, Ihre Grenzen zu kommunizieren und zu wahren. Respektieren Sie auch die Grenzen anderer Menschen und erkennen Sie

an, dass jeder das Recht hat, seine eigenen Grenzen zu haben.

3. Empathie entwickeln: Versuchen Sie, sich in die Lage anderer Menschen zu versetzen und deren Perspektiven und Gefühle zu verstehen. Zeigen Sie Mitgefühl und Achtung gegenüber den Bedürfnissen und Erfahrungen anderer.

4. Kommunikationstraining: Lernen Sie effektive Kommunikationstechniken, um Ihre Gedanken und Gefühle klar und respektvoll auszudrücken. Lernen Sie auch, aktiv zuzuhören und die Perspektiven anderer anzuerkennen.

5. Toxische Beziehungen meiden: Seien Sie achtsam in Bezug auf Beziehungen, die Ihren Selbstwert negativ beeinflussen oder in denen

Respekt und Wertschätzung fehlen. Es ist wichtig, sich von toxischen oder einseitigen Beziehungen zu distanzieren und sich stattdessen auf gesunde und respektvolle Beziehungen zu konzentrieren.

Der Zusammenhang zwischen Selbstwert und zwischenmenschlichen Beziehungen ist eng verknüpft. Indem wir uns selbst respektieren und einen gesunden Selbstwert entwickeln, legen wir den Grundstein für respektvolle, erfüllende und unterstützende Beziehungen zu anderen Menschen. Es ist ein kontinuierlicher Prozess, der Achtsamkeit, Selbstreflexion und die Bereitschaft erfordert, an uns selbst zu arbeiten.

Selbstwert und beruflicher Erfolg: Das Vertrauen in die eigenen Fähigkeiten stärken

Selbstwert und beruflicher Erfolg: Das Vertrauen in die eigenen Fähigkeiten stärken
Der Selbstwert spielt eine entscheidende Rolle bei der Erreichung beruflichen Erfolgs. Unser Selbstwertgefühl beeinflusst maßgeblich, wie wir uns in unserem Arbeitsumfeld fühlen, wie wir Herausforderungen angehen und wie wir uns beruflich weiterentwickeln. Ein

gesunder Selbstwert ermöglicht es uns, das Vertrauen in unsere eigenen Fähigkeiten zu stärken und unsere Ziele zu verfolgen.

Ein gesunder Selbstwert im beruflichen Kontext ist eng mit dem Vertrauen in die eigenen Fähigkeiten verbunden. Wenn wir uns selbst wertschätzen und an unsere Kompetenzen glauben, sind wir motiviert, uns beruflich zu engagieren und unsere Fähigkeiten weiterzuentwickeln. Wir haben das Selbstvertrauen, neue Herausforderungen anzunehmen und an ihnen zu wachsen.

Ein starker Selbstwert unterstützt auch die Bewältigung von Rückschlägen und Misserfolgen im beruflichen Leben. Wir sind weniger anfällig für Selbstzweifel und lassen uns nicht leicht entmutigen. Stattdessen betrachten wir Misserfolge als Lernchancen und nutzen sie, um uns weiterzuentwickeln. Ein gesunder Selbstwert ermöglicht es uns, Hindernisse zu überwinden und unsere Ziele trotz der Herausforderungen zu verfolgen.

Darüber hinaus beeinflusst der Selbstwert auch unsere Karriereentscheidungen. Ein gesunder Selbstwert ermutigt uns, berufliche Möglichkeiten zu erkunden und nach Wachstumsmöglichkeiten zu streben. Wir sind eher bereit, Risiken einzugehen und uns neuen Herausforderungen zu stellen, da wir das Vertrauen haben, dass wir mit den erforderlichen Fähigkeiten und Ressourcen ausgestattet sind.

Um das Vertrauen in die eigenen Fähigkeiten und den Selbstwert im beruflichen Kontext zu stärken, können folgende Schritte hilfreich sein:

Übungen

Wie gehabt, nehme dir für jede Übung ein Blatt Papier und fange jetzt an. Manche Dinge fallen dir vielleicht erst morgen oder später ein, aber lege jetzt los.

1. Selbstreflexion: Reflektieren Sie Ihre beruflichen Stärken, Talente und Erfolge. Anerkennen Sie Ihre Leistungen und Kompetenzen und erinnern Sie sich daran, dass Sie wertvolle Fähigkeiten besitzen.

2. Zielsetzung: Setzen Sie sich klare berufliche Ziele und entwickeln Sie einen Plan, um diese Ziele zu erreichen. Nehmen Sie sich kleine Schritte vor, um Ihr Selbstvertrauen zu stärken und Ihre Fähigkeiten weiterzuentwickeln.

3. Weiterbildung und Weiterentwicklung: Investieren Sie

in Ihre berufliche Entwicklung und Weiterbildung. Nehmen Sie an Schulungen, Workshops oder Kursen teil, um Ihre Fähigkeiten zu verbessern und sich auf dem neuesten Stand zu halten.

4. Erfolge feiern: Achten Sie bewusst auf Ihre beruflichen Erfolge und feiern Sie diese. Belohnen Sie sich selbst für Ihre Leistungen und würdigen Sie Ihre Fortschritte.

5. Mentoring und Networking: Suchen Sie sich Mentoren oder berufliche Netzwerke, die Ihnen Unterstützung und Feedback bieten können. Der Austausch mit erfahrenen Fachleuten kann dazu beitragen, das Vertrauen in die eigenen Fähigkeiten zu stärken und neue Perspektiven zu gewinnen.

6. Selbstpflege: Achten Sie auf eine gesunde Work-Life-Balance und kümmern Sie sich um Ihr Wohlbefinden. Ausreichend Ruhe, Erholung und Selbstfürsorge sind wichtig, um Ihr Selbstwertgefühl im beruflichen Kontext aufrechtzuerhalten.

Indem wir unseren Selbstwert stärken und das Vertrauen in unsere eigenen Fähigkeiten aufbauen, legen wir die Grundlage für beruflichen Erfolg und Zufriedenheit. Es ist ein kontinuierlicher Prozess, der Engagement, Selbstreflexion und die Bereitschaft erfordert, an uns selbst zu arbeiten. Mit einem starken Selbstwert können wir unsere beruflichen Ziele erreichen und unsere Karriere aufblühen lassen.

Selbstwert und körperliches Wohlbefinden: Das Selbstbild und die Gesundheit

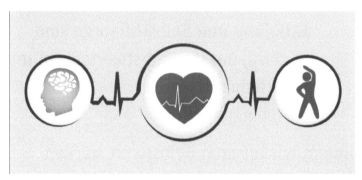

Unser Selbstwert spielt eine wesentliche Rolle für unser körperliches Wohlbefinden und unsere Gesundheit. Das Bild, das wir von uns selbst haben und wie wir uns wahrnehmen, beeinflusst maßgeblich unsere Einstellung zum eigenen Körper, unsere Selbstpflege und unseren Umgang mit Gesundheitsthemen. Ein gesunder Selbstwert ermöglicht es uns, für unser körperliches Wohlbefinden Sorge zu tragen und eine positive

Beziehung zu unserem Körper aufzubauen.

Ein gesunder Selbstwert fördert ein positives Selbstbild und ein gesundes Körperbewusstsein. Wenn wir uns selbst wertschätzen, akzeptieren wir unseren Körper und respektieren seine Bedürfnisse. Wir pflegen eine gesunde und ausgewogene Ernährung, betreiben regelmäßige körperliche Aktivität und achten auf ausreichend Ruhe und Entspannung. Wir betrachten unseren Körper nicht als Objekt zur Erfüllung von Schönheitsidealen, sondern als Instrument für Gesundheit und Lebensfreude.

Ein starkes Selbstwertgefühl unterstützt auch den Umgang mit körperlichen Veränderungen und Herausforderungen. Wenn wir uns selbst wertschätzen, können wir Veränderungen wie Gewichtsschwankungen, Alterungsprozesse oder gesundheitliche Einschränkungen akzeptieren und mitfühlend mit uns selbst umgehen. Wir entwickeln die Fähigkeit, unseren Körper liebevoll anzunehmen und für seine Gesundheit und Wohlbefinden zu sorgen, unabhängig von äußeren Standards oder Vergleichen mit anderen.

Darüber hinaus hat der Selbstwert auch Auswirkungen auf unsere Gesundheitsentscheidungen. Ein gesunder Selbstwert ermöglicht es uns, für unsere Gesundheit Verantwortung zu übernehmen und uns selbst zu motivieren, gesundheitsfördernde Maßnahmen zu ergreifen. Wir sind eher bereit, uns regelmäßigen Vorsorgeuntersuchungen zu unterziehen, gesunde Gewohnheiten zu etablieren und uns bei Bedarf ärztliche Unterstützung zu suchen.

Um das Selbstbild und die Gesundheit im Zusammenhang mit dem Selbstwert zu fördern, können folgende Schritte hilfreich sein:

Übungen

Wie gehabt, nehme dir für jede Übung ein Blatt Papier und fange jetzt an. Manche Dinge fallen dir vielleicht erst morgen oder später ein, aber lege jetzt los.

1. Selbstakzeptanz: Akzeptieren Sie Ihren Körper und sich selbst so, wie Sie sind. Konzentrieren Sie sich auf Ihre Stärken und positive Aspekte, anstatt sich auf vermeintliche Mängel zu fokussieren.

2. Achtsamkeit: Seien Sie sich bewusst über Ihren Körper und

dessen Bedürfnisse. Hören Sie auf die Signale Ihres Körpers, beispielsweise Hunger, Müdigkeit oder Schmerzen, und reagieren Sie entsprechend.

3. Selbstfürsorge: Pflegen Sie eine gesunde Lebensweise, die ausgewogene Ernährung, ausreichend Bewegung und Ruhe umfasst. Gönnen Sie sich auch regelmäßig Entspannung und Selbstpflege, um Ihr körperliches Wohlbefinden zu unterstützen.

4. Positives Selbstgespräch: Sprechen Sie liebevoll und unterstützend mit sich selbst. Ermutigen Sie sich selbst und vermeiden Sie negative Selbstkritik oder abwertende Gedanken.

5. Unterstützung suchen: Wenn Sie Schwierigkeiten haben, ein

positives Selbstbild und ein gesundes Körperbewusstsein zu entwickeln, suchen Sie professionelle Unterstützung. Ein Therapeut oder Coach kann Ihnen helfen, Ihr Selbstwertgefühl zu stärken und eine positive Beziehung zu Ihrem Körper aufzubauen.

Ein gesunder Selbstwert ist ein wichtiger Faktor für das körperliche Wohlbefinden und die Gesundheit. Indem wir uns selbst wertschätzen und eine positive Beziehung zu unserem Körper pflegen, können wir für unsere Gesundheit sorgen und ein erfülltes und gesundes Leben führen. Es ist ein fortwährender Prozess, der Selbstreflexion, Selbstakzeptanz und Selbstfürsorge erfordert. Mit einem starken Selbstwert können wir uns auf unsere Gesundheit konzentrieren und unser Wohlbefinden positiv beeinflussen.

Selbstwert und persönliche Ziele: Die Motivation zur Selbstverwirklichung

Unser Selbstwert spielt eine entscheidende Rolle bei der Motivation zur Selbstverwirklichung und dem Erreichen unserer persönlichen Ziele. Ein gesunder Selbstwert ermöglicht es uns, uns selbst als wertvoll und würdig zu betrachten, unsere Träume und Ziele zu definieren und die notwendigen Schritte zu unternehmen, um sie zu verwirklichen. Es ist die Grundlage für unsere Motivation, unsere Potenziale zu entfalten und ein erfülltes Leben zu führen.

Ein gesunder Selbstwert unterstützt die Entwicklung von persönlichen Zielen, die mit unseren Werten, Interessen und Leidenschaften in Einklang stehen. Wenn wir uns selbst wertschätzen, erkennen wir unsere individuellen Stärken und Talente an und haben den Glauben an unsere Fähigkeiten, unsere Ziele zu erreichen. Wir sind motiviert, uns selbst herauszufordern, an unseren Zielen zu arbeiten und uns weiterzuentwickeln.

Der Selbstwert spielt auch eine wichtige Rolle bei der Überwindung von Hindernissen und Rückschlägen auf dem Weg zur Selbstverwirklichung. Ein gesunder Selbstwert ermöglicht es uns, uns von Selbstzweifeln nicht entmutigen zu lassen und unsere Motivation aufrechtzuerhalten. Wir betrachten Misserfolge als Lernchancen und sehen sie als Teil des Prozesses des Wachstums und der Weiterentwicklung.

Ein starker Selbstwert fördert auch die Ausdauer und das Durchhaltevermögen bei der Verfolgung unserer Ziele. Wir haben die innere Überzeugung, dass wir es verdienen, unsere Ziele zu erreichen, und sind bereit, die erforderliche Anstrengung und Zeit zu investieren. Wir lassen uns nicht von negativen Einflüssen oder Meinungen anderer abbringen, sondern bleiben fokussiert und beharrlich.

Um den Selbstwert im Zusammenhang mit persönlichen Zielen und

Selbstverwirklichung zu stärken, können folgende Schritte hilfreich sein:

Übungen

Wie gehabt, nehme dir für jede Übung ein Blatt Papier und fange jetzt an. Manche Dinge fallen dir vielleicht erst morgen oder später ein, aber lege jetzt los.

1. Selbstreflexion: Nehmen Sie sich Zeit, um Ihre Werte, Interessen und Leidenschaften zu erkunden. Reflektieren Sie über Ihre persönlichen Ziele und was Ihnen wichtig ist.

2. Zielsetzung: Definieren Sie klare und realistische Ziele, die mit Ihren Werten und Interessen übereinstimmen. Setzen Sie sich Meilensteine und entwickeln Sie

einen Aktionsplan, um Ihre Ziele zu erreichen.

3. Selbstbestärkung: Anerkennen Sie Ihre eigenen Stärken, Talente und Erfolge. Sprechen Sie sich selbst Mut zu und ermutigen Sie sich, an sich und Ihre Fähigkeiten zu glauben.

4. Unterstützung suchen: Umgeben Sie sich mit Menschen, die Sie unterstützen und ermutigen. Suchen Sie Mentoren oder Gleichgesinnte, die ähnliche Ziele verfolgen, um sich gegenseitig zu motivieren und unterstützen.

5. Flexibilität und Anpassungsfähigkeit: Seien Sie bereit, Ihre Ziele anzupassen und anzupassen, wenn sich Ihre Interessen oder Lebensumstände verändern. Bleiben Sie offen für

neue Möglichkeiten und nutzen Sie diese, um sich weiterzuentwickeln und zu wachsen.

Ein gesunder Selbstwert ist eine wichtige Voraussetzung für die Motivation zur Selbstverwirklichung und das Erreichen persönlicher Ziele. Indem wir uns selbst wertschätzen und an unsere Fähigkeiten glauben, können wir uns motivieren, unsere Träume zu verfolgen und unsere Potenziale zu entfalten. Es ist ein kontinuierlicher Prozess, der Selbstreflexion, Zielsetzung und Ausdauer erfordert. Mit einem starken Selbstwert können wir uns selbst verwirklichen und ein erfülltes Leben nach unseren eigenen Vorstellungen führen.

Selbstwert und Entscheidungsfindung: Sich selbst treu bleiben

Unser Selbstwert spielt eine wesentliche Rolle bei der Entscheidungsfindung und dabei, uns selbst treu zu bleiben. Ein gesunder Selbstwert ermöglicht es uns, unsere eigenen Bedürfnisse, Werte und Ziele zu erkennen und Entscheidungen zu treffen, die mit unserer inneren

Überzeugung und Authentizität im Einklang stehen. Es ist die Grundlage dafür, dass wir in verschiedenen Lebensbereichen, sei es in Beziehungen, im Beruf oder bei persönlichen Angelegenheiten, Entscheidungen treffen, die uns erfüllen und unserem wahren Selbst Ausdruck verleihen.

Ein gesunder Selbstwert unterstützt uns dabei, unsere eigenen Bedürfnisse und Wünsche zu erkennen und ihnen eine angemessene Priorität einzuräumen. Wir sind in der Lage, uns von äußeren Erwartungen oder Meinungen anderer abzugrenzen und unsere eigenen inneren Stimmen und Intuitionen wahrzunehmen. Dies ermöglicht uns, Entscheidungen zu treffen, die uns wirklich dienen und uns auf unserem individuellen Lebensweg voranbringen.

Der Selbstwert spielt auch eine wichtige Rolle bei der Überwindung von Entscheidungsängsten und Unsicherheiten. Ein gesunder Selbstwert gibt uns das Vertrauen, unsere Entscheidungen zu treffen und für sie einzustehen. Wir lassen uns weniger von Zweifeln oder äußeren Einflüssen beeinflussen und sind mutiger, den Weg zu gehen, der uns persönlich erfüllt, auch wenn er möglicherweise unbequem oder nicht konform ist.

Ein starker Selbstwert fördert auch die Fähigkeit zur Selbstverantwortung in Bezug auf unsere Entscheidungen. Wir erkennen an, dass wir für unsere eigenen Handlungen und ihre Konsequenzen verantwortlich sind. Dadurch sind wir motiviert, gut informierte Entscheidungen zu treffen und die Verantwortung für unsere Lebensrichtung zu übernehmen.

Um den Selbstwert im Zusammenhang mit der Entscheidungsfindung und dem Sich-selbst-treu-bleiben zu stärken, können folgende Schritte hilfreich sein:

Selbstwert und Stressbewältigung: Herausforderungen meistern und widerstandsfähig sein

Unser Selbstwert spielt eine zentrale Rolle bei der Bewältigung von Stress und der Entwicklung von Resilienz. Ein gesunder Selbstwert ermöglicht es uns, Herausforderungen und Belastungen besser zu bewältigen und widerstandsfähig zu sein. Er stärkt unsere mentale und emotionale Widerstandskraft, hilft uns, positive Bewältigungsstrategien zu entwickeln und unterstützt uns dabei, in schwierigen Zeiten auf uns selbst zu vertrauen.

Ein gesunder Selbstwert ist eine wichtige Ressource, um Stress zu bewältigen, da er uns das Gefühl gibt, wertvoll und kompetent zu sein. Er ermöglicht es uns, auf unsere eigenen Stärken und Ressourcen zurückzugreifen, um Probleme zu lösen und schwierige Situationen zu meistern. Wir haben das Vertrauen, dass wir die Fähigkeiten besitzen, mit den Herausforderungen umzugehen und Lösungen zu finden.

Der Selbstwert spielt auch eine entscheidende Rolle bei der Entwicklung von Resilienz, das heißt unserer Fähigkeit, uns von Rückschlägen zu erholen und gestärkt aus schwierigen

Situationen hervorzugehen. Ein gesunder Selbstwert unterstützt uns dabei, auch in schwierigen Zeiten an uns selbst zu glauben und uns nicht von negativen Erfahrungen entmutigen zu lassen. Wir sehen Rückschläge als Teil des Lebens und als Chancen zum Wachstum und zur persönlichen Entwicklung.

Ein starker Selbstwert fördert auch den Umgang mit stresserzeugenden Gedanken und Selbstzweifeln. Wenn wir uns selbst wertschätzen, können wir negative Gedankenmuster erkennen und ihnen aktiv entgegenwirken. Wir entwickeln eine positive und unterstützende innere Dialog, der uns dabei hilft, Stress zu reduzieren und unsere Resilienz zu stärken. Weil Stress ein immer präsentes Thema ist, habe ich einen Online-Kurs dazu entwickeln. Bei Interesse, einfach nachfragen.

Um den Selbstwert im Zusammenhang mit der Stressbewältigung und der Entwicklung von Resilienz zu stärken, können folgende Schritte hilfreich sein:

Übungen

Nachdem sie bis hierher gekommen sind, brauch e ich nicht zu wiederholen, wie sie die Übungen durchführen sollten.

1. Selbstpflege: Pflegen Sie eine gesunde Work-Life-Balance und nehmen Sie sich regelmäßig Zeit für Entspannung und Erholung. Achten Sie auf Ihre eigenen Bedürfnisse und gönnen Sie sich Pausen, um Stress abzubauen und Ihre Ressourcen wieder aufzuladen.

2. Selbstakzeptanz: Akzeptieren Sie Ihre eigenen Stärken und Schwächen. Seien Sie mit sich selbst geduldig und mitfühlend.

Nehmen Sie sich die Zeit, Ihre Erfolge anzuerkennen und feiern Sie kleine Fortschritte.

3. Bewältigungsstrategien entwickeln: Entwickeln Sie gesunde Bewältigungsstrategien, um mit Stress umzugehen. Dazu gehören zum Beispiel regelmäßige körperliche Aktivität, Entspannungstechniken wie Meditation oder Atemübungen, der Austausch mit unterstützenden Menschen oder das Führen eines Tagebuchs.

4. Unterstützung suchen: Suchen Sie bei Bedarf Unterstützung bei Freunden, Familie oder professionellen Helfern. Es ist wichtig zu wissen, dass es in Ordnung ist, um Hilfe zu bitten und

Unterstützung anzunehmen, wenn Sie sie brauchen.

5. Positive Selbstgespräche: Achten Sie auf Ihre inneren Dialoge und ersetzen Sie negative Selbstzweifel durch positive und unterstützende Selbstgespräche. Ermutigen Sie sich selbst und stärken Sie Ihr Selbstvertrauen, indem Sie sich bewusst positive Eigenschaften und Erfolge vor Augen führen.

Ein gesunder Selbstwert ist eine wertvolle Ressource, um Stress zu bewältigen und widerstandsfähig zu sein. Indem wir uns selbst wertschätzen, auf unsere eigenen Stärken und Ressourcen vertrauen und positive Bewältigungsstrategien entwickeln, können wir Herausforderungen meistern und gestärkt aus schwierigen Situationen hervorgehen.

Selbstwert und Lebenszufriedenheit: Ein erfülltes und glückliches Leben gestalten

Der Selbstwert spielt eine maßgebliche Rolle bei der Gestaltung eines erfüllten und glücklichen Lebens. Ein gesunder Selbstwert ermöglicht es uns, uns selbst anzunehmen, unsere eigenen Bedürfnisse zu erkennen und danach zu streben, ein Leben zu führen, das mit unseren Werten und Zielen im Einklang steht. Er ist ein entscheidender Faktor für unsere Lebenszufriedenheit und unser Wohlbefinden.

Ein gesunder Selbstwert ermöglicht es uns, eine positive Selbstwahrnehmung zu entwickeln. Wir sehen uns selbst als wertvoll, liebenswert und kompetent. Dieses positive Selbstbild beeinflusst unsere Einstellung zum Leben und unsere Fähigkeit, Freude und Zufriedenheit zu erfahren. Indem wir uns selbst wertschätzen, können wir uns auf unsere Stärken und Erfolge konzentrieren und unsere Lebenserfahrungen in einem positiven Licht betrachten.

Der Selbstwert spielt auch eine wichtige Rolle bei der Entfaltung unseres vollen Potenzials und der Verwirklichung unserer persönlichen Ziele. Wenn wir uns selbst wertschätzen, sind wir motiviert, nach Wachstum und Weiterentwicklung zu streben. Wir haben das Vertrauen, dass wir es verdienen, ein erfülltes Leben zu führen, und sind bereit, die notwendigen Schritte zu unternehmen, um unsere Träume zu verwirklichen.

Ein starker Selbstwert fördert auch die Fähigkeit, positive Beziehungen aufzubauen und zu pflegen. Wenn wir uns selbst wertschätzen, können wir auch andere Menschen wertschätzen und respektieren. Wir sind in der Lage, gesunde Grenzen zu setzen, uns für unsere eigenen Bedürfnisse einzusetzen und gleichzeitig Empathie und Mitgefühl für andere zu zeigen. Dies schafft ein Gefühl von Verbundenheit und bereichert unser soziales Leben.

Um den Selbstwert im Zusammenhang mit der Lebenszufriedenheit zu stärken und ein erfülltes und glückliches Leben zu gestalten, können folgende Schritte hilfreich sein:

Übungen

Nachdem sie bis hierher gekommen sind, brauch e ich nicht zu wiederholen, wie sie die Übungen durchführen sollten.

1. Selbstreflexion: Nehmen Sie sich Zeit, um Ihre eigenen Werte, Interessen und Ziele zu erkunden. Reflektieren Sie darüber, was Ihnen wirklich wichtig ist und was Ihnen Freude und Erfüllung bringt.

2. Selbstfürsorge: Kümmern Sie sich um Ihr körperliches, emotionales und geistiges Wohlbefinden. Achten Sie auf Ihre Bedürfnisse und gönnen Sie sich regelmäßig Momente der Entspannung und Erholung.

3. Selbstakzeptanz: Akzeptieren Sie sich selbst mit all Ihren Stärken und Schwächen. Erlauben Sie sich, menschlich zu sein und Fehler zu machen. Praktizieren Sie Selbstmitgefühl und sprechen Sie sich selbst liebevoll und unterstützend zu.

4. Verfolgung von Leidenschaften: Widmen Sie Zeit und Energie den Aktivitäten und Interessen, die Ihnen Freude bereiten und Ihre Leidenschaften wecken. Tun Sie Dinge, die Ihnen ein Gefühl von Erfüllung geben und Ihre individuelle Ausdruckskraft fördern.

5. Beziehungen pflegen: Investieren Sie in positive Beziehungen zu anderen Menschen. Umgeben Sie sich mit unterstützenden und inspirierenden Menschen, die Sie

wertschätzen und unterstützen. Suchen Sie nach Möglichkeiten, anderen zu helfen und ihnen Freude zu bereiten.

6. Dankbarkeit kultivieren: Praktizieren Sie regelmäßig Dankbarkeit und schätzen Sie die kleinen Freuden und Segnungen in Ihrem Leben. Nehmen Sie sich bewusst Zeit, um die positiven Aspekte zu erkennen und zu würdigen.

Ein gesunder Selbstwert ist eine wichtige Grundlage für ein erfülltes und glückliches Leben. Indem wir uns selbst wertschätzen, unsere Bedürfnisse erkennen und danach streben, ein Leben zu führen, das mit unseren Werten und Zielen im Einklang steht, können wir eine tiefe Lebenszufriedenheit erfahren und ein erfülltes und glückliches Leben gestalten.

Selbstwert stärken: Strategien und Übungen zur Förderung des Selbstwerts

Ein gesunder Selbstwert ist von großer Bedeutung für unser Wohlbefinden und unsere Lebensqualität. Wenn wir einen starken Selbstwert haben, fühlen wir uns wertvoll, liebenswert und kompetent. Wir haben Vertrauen in uns selbst und unsere Fähigkeiten und können Herausforderungen mit mehr Leichtigkeit angehen. Glücklicherweise gibt es verschiedene Strategien und Übungen, die uns dabei unterstützen können, unseren Selbstwert zu stärken und ein positives Selbstbild aufzubauen.

Positive Affirmationen:

Affirmationen sind positive, aufbauende Aussagen über uns selbst. Wählen Sie einige positive Aussagen, die Ihren Selbstwert stärken, wie zum Beispiel:

"Ich bin wertvoll und liebevoll", "Ich verdiene Erfolg und Glück" oder "Ich bin stolz auf meine Erfolge". Wiederholen Sie diese Affirmationen regelmäßig, vorzugsweise morgens und abends, um Ihr Unterbewusstsein mit positiven Botschaften zu programmieren.

Hier ein paar Beispiele:

Ich bin wertvoll und einzigartig, genau so, wie ich bin.

1. Ich verdiene Liebe, Glück und Erfolg in meinem Leben.
2. Ich akzeptiere mich vollkommen und liebe mich bedingungslos.
3. Ich habe ein Recht auf meine eigenen Bedürfnisse und setze diese klar und respektvoll.
4. Ich bin stolz auf meine Erfolge und schätze meine Fortschritte.
5. Ich bin gut genug und habe das Potenzial, meine Ziele zu erreichen.

6. Ich vertraue meinen Fähigkeiten und kann jede Herausforderung meistern, die sich mir stellt.
7. Ich bin mutig und traue mich, meine Meinung zu äußern und für mich selbst einzustehen.
8. Ich bin einzigartig und habe einzigartige Talente und Gaben, die ich der Welt schenken kann.
9. Ich bin in der Lage, positive Veränderungen in meinem Leben herbeizuführen und mein volles Potenzial zu entfalten.

Diese Affirmationen können individuell angepasst und persönlich formuliert werden, um besser zu den eigenen Bedürfnissen und Zielen zu passen. Wiederholen Sie diese positiven Aussagen regelmäßig, idealerweise täglich, um Ihr Unterbewusstsein zu stärken und Ihr Selbstwertgefühl zu verbessern.

Diese gesamten bisher genannten Strategien und Übungen können Ihnen helfen, Ihren Selbstwert zu stärken und ein positives Selbstbild aufzubauen. Wenden Sie sie regelmäßig an und seien Sie geduldig mit sich selbst, denn die Entwicklung eines gesunden Selbstwerts erfordert Zeit und Übung. Mit der Zeit werden Sie feststellen, wie sich Ihr Selbstwert stärkt und wie sich dies positiv auf Ihr Wohlbefinden und Ihre Lebensqualität auswirkt.

Der Umgang mit Rückschlägen und Selbstzweifeln: Resilienz entwickeln

Im Leben begegnen wir oft Rückschlägen, Herausforderungen und Zeiten der Unsicherheit. In solchen Momenten können Selbstzweifel aufkommen und unseren Selbstwert beeinträchtigen. Der Umgang mit Rückschlägen und Selbstzweifeln erfordert Resilienz - die Fähigkeit, sich von Schwierigkeiten zu erholen, Widerstandskraft zu entwickeln und gestärkt aus solchen Situationen hervorzugehen.

Übungen

1. Akzeptanz der Realität: Nehmen Sie Rückschläge als Teil des Lebens an und akzeptieren Sie, dass es normal ist, hin und wieder auf Hindernisse

zu stoßen. Verstehen Sie, dass Rückschläge nicht Ihre gesamte Identität oder Ihren Wert als Person bestimmen.

2. Emotionale Intelligenz: Entwickeln Sie Ihre emotionale Intelligenz, indem Sie sich bewusst mit Ihren Gefühlen auseinandersetzen. Erlauben Sie sich, traurig, frustriert oder enttäuscht zu sein, aber lassen Sie sich nicht von diesen Emotionen überwältigen. Lernen Sie, Ihre Gefühle zu regulieren und konstruktiv mit ihnen umzugehen.

3. Selbstmitgefühl: Seien Sie in schwierigen Zeiten liebevoll zu sich selbst. Zeigen Sie sich Mitgefühl und Verständnis, wie Sie es einem guten Freund gegenüber tun würden. Erkennen Sie an, dass Fehler und Rückschläge Teil des

menschlichen Lebens sind und dass Sie daraus lernen können.

4. Optimistische Denkweise: Trainieren Sie Ihren Geist auf eine optimistische Denkweise. Versuchen Sie, die positiven Aspekte in schwierigen Situationen zu finden und nach Lösungen zu suchen. Fokussieren Sie sich auf Ihre Stärken und Ihre Fähigkeit, Herausforderungen zu bewältigen.

5. Unterstützung suchen: Zögern Sie nicht, Unterstützung von anderen zu suchen. Teilen Sie Ihre Sorgen und Ängste mit vertrauenswürdigen Personen in Ihrem Umfeld. Oft kann der Austausch mit anderen Menschen helfen, Perspektiven zu erweitern und neue Lösungsansätze zu finden.

6. Selbstreflexion und Lernen: Nutzen Sie Rückschläge als Gelegenheit zur Selbstreflexion und zum Lernen. Fragen Sie sich, was Sie aus der Situation gelernt haben und wie Sie in Zukunft anders vorgehen können. Betrachten Sie Rückschläge als Chance zur persönlichen Weiterentwicklung.

7. Kleine Schritte und Erfolge feiern: Setzen Sie realistische Ziele und nehmen Sie sich kleine Schritte vor, um diese zu erreichen. Feiern Sie jeden Erfolg, egal wie klein er auch sein mag. Das gibt Ihnen das Gefühl von Fortschritt und stärkt Ihren Selbstwert.

Der Umgang mit Rückschlägen und Selbstzweifeln erfordert Geduld, Ausdauer und Selbstreflexion. Durch den Aufbau von Resilienz können Sie lernen, aus Rückschlägen gestärkt hervorzugehen und Ihren Selbstwert zu stärken. Denken Sie daran, dass Rückschläge Teil des Lebens sind und dass Sie die Fähigkeit haben, sie zu überwinden und weiterzugehen.

Den Selbstwert anderer unterstützen: Empathie und Verbundenheit

Ein wichtiger Aspekt des Selbstwerts besteht darin, auch den Selbstwert anderer zu erkennen und zu fördern. Indem wir Mitgefühl und Empathie für andere Menschen entwickeln und ihnen Verbundenheit zeigen, können wir dazu beitragen, dass sie sich wertgeschätzt und angenommen fühlen. Das stärkt nicht nur ihre eigenen Selbstwertgefühle, sondern bereichert auch unsere zwischenmenschlichen Beziehungen.

1. Empathie entwickeln: Empathie bedeutet, sich in die Gefühle und Perspektiven anderer Menschen hineinzuversetzen. Zeigen Sie Interesse und nehmen Sie sich die Zeit, anderen zuzuhören und zu verstehen, was sie erleben. Versuchen Sie, sich in ihre Lage zu versetzen und ihre Gefühle nachzuvollziehen, ohne sie zu bewerten oder zu beurteilen.

2. Aktives Zuhören: Während Sie mit anderen interagieren, zeigen Sie echtes Interesse an dem, was sie sagen. Lassen Sie sie ausreden, unterbrechen Sie nicht und stellen Sie Fragen, um ihr Erleben besser zu verstehen. Dies vermittelt ihnen

das Gefühl, dass sie gehört und respektiert werden, was ihren Selbstwert stärken kann.

3. Wertschätzung ausdrücken: Machen Sie es zu einer Gewohnheit, die Stärken, Fähigkeiten und Leistungen anderer anzuerkennen und anzuerkennen. Geben Sie ihnen aufrichtige Komplimente und ermutigen Sie sie, indem Sie ihnen zeigen, dass ihre Beiträge geschätzt werden. Indem Sie den Selbstwert anderer unterstützen, schaffen Sie eine positive und unterstützende Umgebung.

4. Verständnis für Vielfalt: Jeder Mensch ist einzigartig und hat unterschiedliche Bedürfnisse, Werte und Lebenserfahrungen. Respektieren Sie diese Vielfalt und fördern Sie ein Umfeld, in dem

Menschen ihre Individualität ausdrücken können, ohne beurteilt oder abgewertet zu werden. Akzeptieren Sie die Vielfalt und schätzen Sie die unterschiedlichen Perspektiven, die andere mitbringen.

5. Gemeinschaft und Zusammenarbeit fördern: Schaffen Sie Gelegenheiten für Zusammenarbeit und Gemeinschaft, in denen Menschen sich verbunden und unterstützt fühlen. Organisieren Sie soziale Aktivitäten, bei denen Menschen ihre Interessen teilen und gemeinsame Ziele verfolgen können. Durch die Schaffung einer unterstützenden Gemeinschaft können Sie den Selbstwert aller Mitglieder stärken.

6. Positive Kommunikation: Achten Sie auf Ihre Worte und Ihre Art der Kommunikation. Seien Sie respektvoll, einfühlsam und konstruktiv in Ihren Gesprächen mit anderen. Vermeiden Sie negative oder abwertende Aussagen, die den Selbstwert anderer beeinträchtigen könnten. Bemühen Sie sich, eine positive und unterstützende Sprache zu verwenden.

7. Authentische Beziehungen aufbauen: Investieren Sie Zeit und Energie in den Aufbau authentischer Beziehungen zu anderen Menschen. Zeigen Sie echtes Interesse an ihnen, teilen Sie Ihre eigenen Erfahrungen und schaffen Sie eine Atmosphäre des Vertrauens und der Offenheit. Indem Sie Verbindungen herstellen und pflegen, können Sie

dazu beitragen, den Selbstwert anderer zu stärken.

Indem Sie den Selbstwert anderer unterstützen, tragen Sie zu einem positiven und unterstützenden sozialen Umfeld bei. Durch Empathie, Verbundenheit und Wertschätzung können Sie dazu beitragen, dass sich Menschen angenommen und wertgeschätzt fühlen, was ihr eigenes Selbstwertgefühl stärkt und zu einer gesunden und erfüllenden Beziehungsdynamik führt.

Fazit: Ein starkes Fundament des Selbstwerts für ein erfülltes Leben

Ein gesunder Selbstwert bildet das Fundament für ein erfülltes und glückliches Leben. Es beeinflusst unsere Einstellungen, unsere Entscheidungen, unsere Beziehungen und unser Wohlbefinden in allen Lebensbereichen. Wenn wir uns selbst wertschätzen, annehmen und lieben können, sind wir in der Lage, unser volles Potenzial zu entfalten und unser Leben auf positive Weise zu gestalten.

In diesem Buch haben wir uns mit verschiedenen Aspekten des Selbstwerts auseinandergesetzt. Wir haben gelernt, was Selbstwert bedeutet und wie er sich in verschiedenen Lebensbereichen auswirkt. Wir haben uns mit der Entwicklung des Selbstwerts im Laufe des Lebens beschäftigt und Möglichkeiten aufgezeigt, wie wir Selbstakzeptanz und Selbstliebe entwickeln können.

Wir haben erkannt, wie der Selbstwert unsere emotionale Gesundheit, unsere zwischenmenschlichen Beziehungen, unseren beruflichen Erfolg, unser körperliches Wohlbefinden, unsere persönlichen Ziele, unsere Entscheidungsfindung, unsere Stressbewältigung und unsere Lebenszufriedenheit beeinflusst. Wir haben Strategien und Übungen kennengelernt, um unseren Selbstwert zu stärken und Herausforderungen zu meistern.

Wir haben auch die Bedeutung von Empathie, Verbundenheit und dem Unterstützen des Selbstwerts anderer erkannt. Indem wir anderen Menschen mit Respekt, Wertschätzung und Mitgefühl begegnen, können wir dazu beitragen, dass auch sie ihren Selbstwert stärken und ein erfülltes Leben führen.

Ein starkes Fundament des Selbstwerts ermöglicht es uns, uns selbst treu zu bleiben, unsere Ziele zu verfolgen, mit Rückschlägen umzugehen, widerstandsfähig zu sein und ein erfülltes und glückliches Leben zu gestalten. Es erlaubt uns, unsere eigenen Bedürfnisse zu erkennen und zu respektieren, unsere Stärken zu nutzen und uns selbst zu entfalten.

Es ist wichtig zu betonen, dass die Stärkung des Selbstwerts ein fortlaufender Prozess ist, der Zeit, Geduld und Engagement erfordert. Es erfordert Selbstreflexion, Achtsamkeit und die Bereitschaft, an sich selbst zu arbeiten. Es ist jedoch eine lohnenswerte Reise, die uns zu einem erfüllteren und glücklicheren Leben führt.

Indem wir uns mit unserem Selbstwert auseinandersetzen und ihn stärken, schaffen wir eine Grundlage für positive Veränderungen und persönliches Wachstum. Es ermöglicht uns, uns selbst und andere auf eine tiefere Ebene zu verstehen und mitfühlend zu begegnen. Es eröffnet uns die Möglichkeit, unsere Träume zu verwirklichen und ein erfülltes Leben zu führen, das im Einklang mit unseren Werten und Bedürfnissen steht.

Nehmen Sie die Erkenntnisse und Übungen aus diesem Buch mit und setzen Sie sie in Ihrem eigenen Leben um. Investieren Sie in Ihre Selbstwertentwicklung und machen Sie sie zu einer Priorität. Seien Sie geduldig mit sich selbst, denn die Stärkung des Selbstwerts ist ein lebenslanger Prozess.

Vertrauen Sie auf Ihr eigenes Potenzial und seien Sie mutig, Ihre Einzigartigkeit und Authentizität zu zeigen.

Ein starkes Fundament des Selbstwerts eröffnet Ihnen die Möglichkeit, Ihr Leben nach Ihren eigenen Vorstellungen zu gestalten und eine tiefe innere Erfüllung zu finden. Nutzen Sie diese Chance und gehen Sie voller Selbstvertrauen den Weg zu einem erfüllten und glücklichen Leben.

Ich hoffe dir mit diesem Buch und den enthaltenen Informationen und Übungen wieder einen Schritt weiter zu deinen Zielen geholfen zu haben.

Ihr Mental Health Master Coach
Holger Kiefer

Weitere Literatur

Weitere Publikationen von
Mental Health Master Holger Kiefer

Zu den Themen Mentale Fitness auf
https://kiefer-coaching.de/category/verlag/

Zu den Themen Gesundheit
https://heil-weg.de/heil-weg-verlag/

Nachstehend finden Sie die bisher
Frühjahr 2023 erschienen Ausgaben

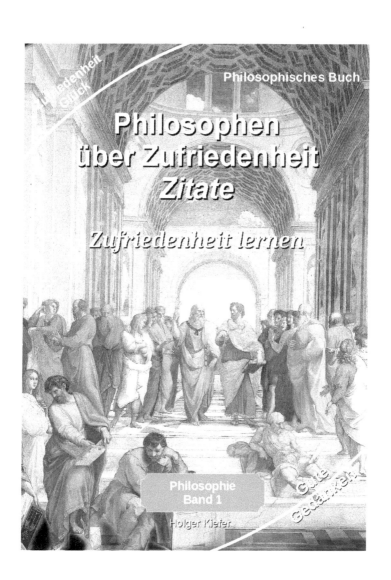

Geeignete Spiele

Konzentrationstraining für
Kinder
bei Konzentrationsschwäche

Verhindern Sie Lernstörungen und Konzentrationsmangel
Informationen zu Ernährung, Bewegung, Toxine, Immunsystem, Allergien, **kostenlose Übungen,** pädagogische Spiele, **Studien**

Pädagogisch wertvoll
Empfohlen vom Kindercoach

Von 0-16 Jahre

NFTs für Investoren, Fotografen, Videoproduzenten, Grafikdesigner, Illustratoren, 3D-Künstler, Animatoren, Spieleentwickler, Programmierer, Filmemacher, Produzenten, Musiker, Komponisten, Handwerker, Designer, Architekten, Innenarchitekten, Wissenschaftler und Forscher

Geld Finanzen
Band 1

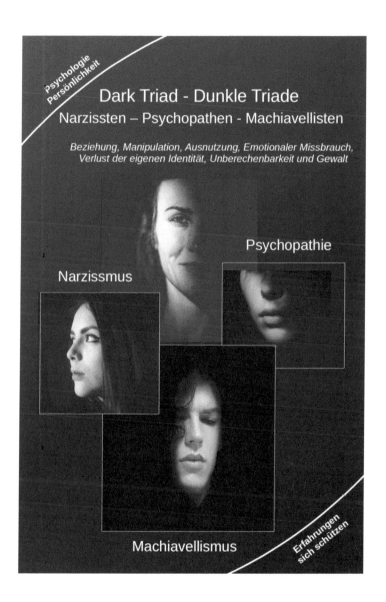

Gesunder Darm

Ratgeber Darm

Die Darmkur zur Darmsanierung durch Darmflora Aufbau

Anleitung zur Darmkur:
Wie die Darmreinigungskur die
Darmsanierung und Darmflora Aufbau
unterstützt

Bakterien gute schlechte?
Blähungen
Darmkrämpfe
Darm Schwangerschaft
Darmerkrankungen?
Darm Entzündung
Dyspepsie
GERD Reflux
Hautprobleme
Neurodermitis u.a.
Histamin Intoleranz
Hämorrhoiden
Leaky Gut
Reizdarmsyndrom
Verstopfung u.v.m.

Inklusive Ballaststoff Tabelle & FOODMAP

Welche Nahrungsmittel?

Was man vermeiden sollte

Hilfe zur Selbsthilfe
Probiotika? ...

Welche Behandlung
Erwachsene Kinder?

Was andere Mediziner empfehlen würden

Naturheilkunde
Darm ganzheitlich
Band 1

Alle wichtigen Fachbegriffe

Großes Stichwortverzeichnis

Heilung Ernährung

Was Experten empfehlen

Ernährung für einen gesunden Darm

Empfohlene Ernährungstipps für eine gesunde Verdauung nicht nur bei Magen-Darmproblem

**Naturheilkunde
Darm ganzheitlich
Band 2**

Heilsame Rezepte

Jetzt den Schlaf verbessern   *Was Experten empfehlen*

Das Schlaf Buch
Schlaf gut
ohne
Schlafprobleme

**Schlaflosigkeit? Endlich den Schlaf verbessern
nie mehr Schlaflos
Insomnie – Hypersomnie – Dyssomnie - …
Vollversion**

**Naturheilkunde
Schlaf ganzheitlich
Band 3**

Ohne Schlaftabletten   Ratgeber

Endlich Schmerzfrei

Ratgeber Rücken

Das Rückenprobleme Buch
Rückenschmerzen was hilft schnell

Heilverfahren TCM, Ayurveda, Übungen
zusätzlich Ursachen Ödeme und
Psychosomatische Beschwerden

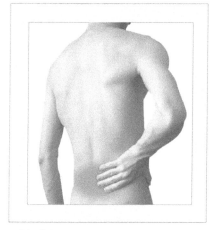

Die Schmerzen bilden sie sich nicht ein
es gibt eine Ursache - die Lösung ist nahe

Empfohlen vom Rückencoach

Therapie

Leseempfehlung für Betroffene — Was Experten empfehlen

Neue Medikamente

Schlafstörungen bei Alzheimer

Anzeichen für Alzheimer
Schlafprobleme bewältigen
Prävention, neue Medikamente und Studie

Naturheilkunde
Schlafstörungen Alzheimer
Band 4

Informationen Heilkunde

Kurzvita

Coach Holger Kiefer, Dozent, ehemaliger Übungsleiter für Behindertensport und Koronar-Herzsport mit Weiterbildung in Neurologie widmet sich seit Jahrzehnten den Themen Philosophie, Gesundheit, Psychologie und Mentaltraining. Seine weiteren Weiterbildungen umfassten Kinderpsychologie und Heilpraktiker für Psychotherapie und klinische Hypnose.

Als Publizist veröffentlichte er zahlreiche Bücher zu Gesundheitsthemen. Tätig ist er als Mental Health Master Coach und berät zu Epigenetik und Psychosomatisch bedingten Beschwerden.

Die Entwicklungsphasen des Menschen bieten die Möglichkeit zur Weiterentwicklung in allen Lebensbereichen, wenn wir in unser ursprünglich angelegtes geistiges und spirituelles Potenzial kommen und Dinge loszulassen in der Lage sind.

Körper und Geist sind eine Einheit, unter diesem Motto gehört er im deutschsprachigen Raum zu den wenigen, welche unter Kiefer-Coaching.de ein Coaching zum Mind Body Syndrom anbieten. In den USA ist es unter dem Begriff Tension Myositis Syndrome (TMS) bekannt, was man mit Spannungsmyositis-Syndrom) Syndrom übersetzen kann.

Im Coaching stehen der Stress, die Ernährung, die Bewegung und die psychischen Belastungen im Vordergrund, welche die eigentliche Ursache der meisten später auftretenden Erkrankungen darstellen.

Etliche Online-Kurse von ihm gehören zu den auf wissenschaftlichen Grundlagen beruhend zu den erfolgreichsten Kursen für Mentalfitness und Gesundheit

Notizen